Anonymus

Vollständiges Hannoverisches Kochbuch

Neueste practische Erfahrungen einer Hausmutter im Kochen, Backwerkmachen und Einmachen der Früchte

Anonymus

Vollständiges Hannoverisches Kochbuch

Neueste practische Erfahrungen einer Hausmutter im Kochen, Backwerkmachen und Einmachen der Früchte

ISBN/EAN: 9783944350080

Auflage: 1

Erscheinungsjahr: 2013

Erscheinungsort: Bremen, Deutschland

@ Kochbuch-Verlag in Access Verlag GmbH, Fahrenheitstr. 1, 28359 Bremen. Alle Rechte beim Verlag und bei den jeweiligen Lizenzgebern.

Vollständiges
hannöverisches Kochbuch,

oder

neueste practische Erfahrungen

einer Hausmutter

im Kochen, Backwerkmachen und Einkochen
der Früchte;

———

nebst

einer Erklärung

aller

in der Kochkunst vorkommenden

Kunstwörter.

———

Hannover,
bei den Gebrüdern Hahn. 1808.

Vorbereitungs-Regeln.

Von Zubereitung alles wilden und zahmen Flügelwerks, sowohl zum Kochen als zum Braten.

Alles zahme Flügelwerk oder Federvieh, welches am Spieße gebraten werden soll, muß trocken gepflückt, und so die wärmere Jahrszeit es nicht anders leidet, doch wenigstens eine Nacht vor dem Gebrauche abgeschlachtet werden, damit es recht durchkühlen kann, denn sonst wird es zähe, wenn es auch noch so jung wäre. Hierauf wird es gleich nach dem Pflücken über brennendem Papiere abgesenget, auf den Brustknochen ein vierfaches Tuch gelegt, und die Brust mit einem glatten Stück Holz platt geschlagen; dann die Flügel bei dem ersten Gliede abgehauen, und nun hinten am Halse auf der Rückenseite die Haut in die Länge aufgeritzt, den Kopf behende herausgenommen, so auch das Eingeweide, dann recht genau die kleinen

Federstoppeln abgesucht, in kaltem Waſſer recht gründlich ausgewaschen, und mit einem weichen linnenen Handtuche abgetrocknet; sodann drücket man die Keulen auf beiden Seiten nieder, daß die Bruſt ſich in die Höhe giebt; ſticht queer durch die Keulen eine dünne hölzerne Spiele, zieht die Halshaut nach dem Rücken zu, daß keine Oeffnung zu bemerken iſt, und befeſtigt ſie dann an einen eiſernen Bratspieß; bewickelt ſie mit einem Bogen Papier, der vorher mit kalter Butter beſtrichen worden, damit ſie ſaftig bleiben und nicht ſo leicht eine dunkele Farbe erhalten. An Faſanen, Berghünern, Rebhünern und Wachteln läſſet man die Köpfe mit den Federn daran, und wickelt beim Braten ein Papier darum, daß ſie das gute Anſehen nicht verlieren.

Erklärung einiger Ausdrücke, deren man ſich bei der Kochkunſt bedient.

Blanchiren heißt: etwas in Waſſer abkochen. – Man blanchirt Gemüſe, wenn man es im Waſſer einmal aufkochen läßt; man blanſchirt Fleiſch, wenn man das in Stücken gehauen, mit kaltem Waſſer aufs Feuer geſetzte
Fleiſch

Fleisch einmal aufkochen läßt. Doch läßt man kleinere Stücke nicht ganz aufkochen, sondern sie nur so heiß werden, daß sie steif werden; dann gleich abgenommen, weil durch das völlige Aufkochen zu viel Kraft verloren gehen würde.

Legiren heißt: eine Speise oder Sauce kurz vor dem Anrichten ründlich oder sämig machen; dazu nimmt man Verschiedenes, welches jedesmal, wenn vom Legiren die Rede ist, zugleich genannt wird.

Grilliren heißt: in geschmolzener oder zerlassener Butter umkehren, sodann mit geriebener Semmel oder gestoßenem Zwiebacke bestreuen und auf dem Roste braten. Man grillirt allerlei Fleisch, auch Fische, vorzüglich aber pflegt man die Ueberbleibsel von gebratenen Hünern, Gänsen, Kapaunen, Putern und dergleichen auf dem Roste noch einmal auf diese Art zu braten oder zu grilliren, die dadurch einen sehr angenehmen Geschmack erhalten. Zu einer so bereiteten Grillade wird gewöhnlich eine Robertsauce hergegeben.

Flammiren heißt: Geflügel über glühende Kohlen halten und dadurch die kleinern Federn, die noch in der Haut sitzen, entfernen.

Paniren heißt: in geschlagene Eyer tunken, oder damit bestreichen, und dann in geriebener Semmel oder zerstoßenem Zwieback umkehren und damit bestreuen.

Mariniren heißt: Fleisch oder Fisch in Provenceröhl, Citronensaft, gehackten Schalotten und dergleichen legen, und einen Tag, eine Nacht oder mehrere darin liegen lassen, daß es den Geschmack von diesen Sachen erhält.

Balliren heißt: mit Speck oder Papier umwickeln.

Mitonniren heißt: auf geröstete Semmelscheiben, Zwiebeln oder dergleichen, kräftige Bouillon gießen, und auf gelindem Kohlenfeuer ausziehen lassen, ohne zu kochen. —

Nun folgen

Einige Regeln,

die man als die ersten Grundsätze der Kochkunst ansehen kann, und welche die Anweisung geben: Bouillon, Jus, Glace, oder Bouillonkuchen, Consommee, Galatine und Aspic, Coulis, Blanc, Braise und Beschamelle zuzubereiten.

Der Hauptgrund, worauf fast die ganze Kochkunst beruhet, und der, wenn er gehörig gelegt ist, eine vollkommene Ausübung ihrer einzelnen Theile nicht nur erleichtert, sondern einzig und allein möglich macht, ist: die Geschicklichkeit, eine gute Bouillon und Jüs zu kochen. Aus Bouillon und Jüs gehet alles hervor, was den Speisen, vorzüglich den Fleisch=Speisen, welche doch den größten Theil ausmachen, einen wahren Werth giebt, und ihren Wohlschmack erhöhet; aus Bouillon und Jüs entstehen Blanc, Consommee, Coulis, Glace, Braise, Galatine und Aspic, und aus diesen, vorzüglich aus Blanc und Coulis, die verschiedenen Saucen. — Bouillon und Jus, — welche Benennungen beide die Brühe anzeigen, die man von gekochtem guten magern Fleisch gewinnt, — unterscheiden sich im Aeußeren hauptsächlich dadurch von einander, daß die erstere gelblich, die andre aber braun ist. Ihren weitern Unterschied wird man bei der besondern Anweisung, sie zuzubereiten, hinlänglich kennen lernen. Wenn Bouillon und Jus gut und schmackhaft zubereitet sind, so schreitet man zur Zubereitung des Blanc und der Coulis; aus ersterem werden die weißen, und aus letzterer die braunen Saucen gemacht.

Eine

X

Eine gute Bouillon für 14 Personen.

Man nimmt 5 bis 6 Pfund gutes schieres oder mageres Rindfleisch und 1 oder 2 alte Hühner, welches man beides sauber abwäscht; dann legt man in eine Casserole Zwiebeln, Sellerie und Petersilienwurzeln, das Rindfleisch und die Hühner darauf, setzt die Casserole auf ein gelindes Feuer und läßt es etwas anziehen; nun gießet man so viel Wasser darauf, daß alles bedeckt ist, schäumet es sorgsam ab, damit die Bouillon klar wird, und läßt sie 3 bis 4 Stunden kochen; so, daß es 4 Quartier bleiben; zuletzt gießet man sie durch ein feines Haarsieb, und alsdann ist diese Bouillon fertig, um alle weiße Suppen oder auch Jus damit anzufüllen.

Eine gute Jus.

Hiezu sind 5 bis 6 Pfund gutes schieres Rindfleisch und ein halb Pfund guter magerer geräucherter Schinken erforderlich. Das Rindfleisch sowohl als den Schinken schneidet man in dünne breite Scheiben, legt den Schinken mit einigen zerschnittenen Zwiebeln in eine sorgfältig gereinigte Casserole, das Rindfleisch darauf, und läßt es auf gelindem Feuer anziehen. Wenn das Fleisch unten braun wird, zum Beispiel,

wie

wie Syrup, so giebt man Bouillon darauf, schäumt es gehörig ab, nimmt das sich zeigende Fett rein herunter, und läßt sie 3 volle Stunden kochen, giebt sie durch ein Haarsieb, wo sie dann zum Gebrauch fertig ist.

Glace oder Bouillon-Kuchen.

Man koche von 8 Pfund schierem Rindfleisch Bouillon; dann lege man 1 Pfund ausgewässerten, in Scheiben geschnittenen Schinken in eine Casserole [die aber nicht zu klein seyn darf], dann 5 bis 6 Pfund schieres Rindfleisch vom vordern Beine, gleichfalls in Scheiben geschnitten, darauf, nebst 4 alten Hühnern mit Hälsen und Füßen, auch 6 Pfund Kalbfleisch und allerhand Wurzeln, als: Sellerie, Petersilienwurzeln, Zwiebeln, auch etwas Ingwer und Pfeffer, und lasse dies alles auf gelindem Feuer anziehen, doch so, daß es nicht braun, sondern nur gelb werde. Ist dies der Fall, so füllet man es mit der vorhin erwähnten Bouillon so weit an, daß die Hühner bedeckt werden, und schäumet es gehörig, damit die Bouillon recht klar werde. Wenn sie dann 4 Stunden gekocht hat, so nimmt man das oben sich sammelnde

chen, daß sich das Fett oder die Butter oben zusammen zieht, welche man herunter nimt. Wenn dann alles ohngefähr bis auf die Hälfte eingekocht ist, und man es nicht zu dick findet, so wird es durch ein Haarsieb gestrichen, und in ein steinernes Geschirr gegeben. Diese Coulis ist zu 4 Saucen hinreichend, und hält sich im Winter wol 14 Tage, im Sommer aber nur 2 Tage.

Blanc, der zu allen weißen Saucen gebraucht werden kann.

Im Ganzen verfährt man hier eben so, wie bei der Coulis, nur mit dem Unterschiede, daß es nicht braun werden darf, sondern weiß bleiben muß; dann giebt man eben so viel Mehl dazu, wie zu der Coulis, und 2 gute Quartier weiße Bouillon, und läßt es auch 2 Stunden kochen. Uebrigens behandelt man es eben so, wie die Coulis, und der Blanc ist fertig.

Braise.

Etwas à la braise machen, oder in der Braise kochen, heißt: ein Stück Fleisch, oder auch Geflügel, in einer Deckel-Casserole, wo man oben und unten Kohlen giebt, in guter Bouillon mürbe kochen. Man verfährt auf folgende Art: man legt etwa ein Viertel- oder halbes Pfund magern Schinken, nebst Zwiebeln, Schalotten, Lorbeerblättern, und

und gelben Wurzeln, Sellerie, etwas Pfeffer, etwas Ingwer und Salz in eine, mit einem guten fest schließenden Deckel versehene Casserole, legt die Sache, die damit gahr gemacht werden soll, darein, und gießt nun so viel gute klare Rindfleischbouillon darauf, als die Sache, die man darin kochen will, etwa erfordert. Die gahr zu machende Sache deckt man nun mit Scheiben von gutem weißem Speck zu, und diesen Speck bedeckt man mit Papier, welches die Feuchtigkeit aufnimt, die sich am Deckel der Casserole zusammenzieht. Man giebt nun, wie gesagt, oben und unten glühende Kohlen und läßt es langsam kochen, damit es recht mürbe wird. Man giebt die in der Braise gahr gemachte Sache weiß oder auch glacirt zur Tafel. — Setzt man Hammelkeulen, Hammelbrüste oder Carrees von Hammel in die Braise, so kann man statt der Zwiebeln Knoblauch oder Roccambole nehmen.

Bechamelle.

Man nimt ein viertel Pfund magern Schinken, ein Pfund schieres Kalbfleisch, und schneidet es ganz klein; ferner Sellerie, Schalotten und Petersilienwurzeln, gleichfalls zerschnitten, etwas Pfeffer und 6 Loth frische Butter, die kein Salz haben darf, und läßt dies alles auf gelindem Feuer anziehen, daß die Jus aus dem Schinken und dem Kalbfleisch sich herausziehet; doch muß man darauf achten, daß es sich nicht gelb oder braun ansetzt.

setzt. Wenn die Jus eingekocht und die klare Butter zu sehen ist, so giebt man einen starken aufgehäuften Löffel voll vom feinsten Mehl dazu; dann drei viertel Quartier guten süßen, aufgekochten Flott, und läßt es damit eine Viertelstunde kochen, streicht es dann durch ein reines Haartuch in ein steinernes Geschirr und bewahrt es zum künftigen Gebrauch zu mancherlei Speisen, Saucen und Frituren auf.

Von Braten.

Da es auch eine Hauptsache ist, gut zubereitete Braten aufzutischen, indem solche nicht nur an Wohlgeschmack verliehren, wenn durch zu langes oder schnelles Braten alle Jus entzogen wird; so wird es nicht überflüssig seyn, angehende Köchinnen in folgendem zu belehren, wie lange Fleisch jeder Art am Spieße gebraten werden müsse; wobei jede Köchin an fleissiges Begießen erinnert wird.

1) Ein roasted Beef darf bei starkem Feuer nicht länger als 3½ Stunde, bei gelindem Feuer aber nur 4 Stunden braten.
2) Ein Kalbsbraten oder eine Keule muß bei starkem Feuer 2 Stunden, bei gelindem Feuer 2½ bis 3 Stunden braten.
3) Ein Hammelbraten muß bei gutem starkem Feuer 2 Stunden, bei gelindem aber 2½ Stunde braten.
4) Ein Lamm muß ohngefähr 1½ Stunde braten.

5) Eine Gans 2 bis $2\frac{1}{2}$ Stunden.
6) Ein Puter 2 Stunden; wenn er alt ist, $2\frac{1}{2}$ Stunden
7) Ein Capaun 1 bis $1\frac{1}{2}$ Stunde.
8) Ein junges Huhn von 8 Wochen $\frac{3}{4}$ Stunde.
9) Eine Taube $\frac{3}{4}$ Stunde.
10) Kramtsvögel oder Lerchen $\frac{1}{2}$ Stunde.

Wildpret.

11) Ein Hirsch = oder Schmalthierziemer muß bei langsamem Feuer gebraten werden, und kann $2\frac{1}{2}$ bis 3 Stunde am Feuer seyn.
12) Ein Schweinziemer ebenfalls bei langsamem oder gelindem Feuer $2\frac{1}{2}$ bis 3 Stunden.
13) Ein Rehziemer bei langsamem Feuer $1\frac{1}{2}$ Stunde.
14) Ein alter Haase $1\frac{1}{4}$, und ein junger 1 Stunde.
15) Ein Fasan, desgleichen ein junges Birkhuhn, $1\frac{1}{4}$ Stunde.
16) Ein Feldhuhn $\frac{3}{4}$ Stunden.
17) Eine Schneppe 1 Stunde.
18) Ortolanen $\frac{3}{4}$ Stunden.

Vom Fleische, welches gekocht, oder à la braise zubereitet wird.

1) Ein Stück Rindfleisch von der Brust muß gewöhnlich $4\frac{1}{2}$ Stunde kochen, doch kommt es darauf an, ob es von einem jungen oder alten Thiere ist. Von Tarten $3\frac{1}{2}$ Stunde.

**

2) Boeuf

2) Boeuf à la mode muß, wenn es kalt geschlachtet ist, 4 gute Stunden auf dem Feuer seyn.
3) Eine Kalbskeule 2½, und eine Kalbsbrust 2 Stunden.
4) Hammelkeulen erfordern gewöhnlich 3 Stunden.
5) Lammfleisch darf nur 1 Stunde auf dem Feuer seyn.
6) In kleine Stücke zerschnittenes alt geschlachtetes Kalbfleisch hat 1¼ Stunden Feuer nöthig.
7) In Stücken zerschnittenes Hammelfleisch 2½ St.
8) Kalbspriesen dürfen nicht länger als ¼ Stunde kochen, weil sie sonst zergehen.

Erste Abtheilung.
Von Suppen.

Suppe mit Savoyer-Kohl.

Das magere Rindfleisch von den Knochen abgelößt, so viel, daß man ein gutes Theil braune Suppe bekömmt. Die Knochen klein gehauen, und frühe zum Feuer gesetzt, daß die Kraft herauskocht. In diese Suppe giebt man etwas Sellery und Savoyerkohl-Köpfe in Viertels, oder, wenn sie klein sind, in Hälften geschnitten, läßt dies in der weißen Suppe kochen, gießt die braune dazu, und giebt zuletzt Muscatenblüte, auch, wenn man will, beim Anrichten geröstete Semmelscheiben hinzu. Alles Fett wird abgefüllt.

Suppe à la Reine.

Man nimmt einige Semmel, nachdem man viel oder wenig Suppe gebraucht; von solchen die Rinde

Rinde abgeschält; dann das Brod in etwas dicke Scheiben geschnitten, und nebst einigen Petersilienwurzeln in ein verzinntes kupfernes Casserol gethan, dann recht kräftige Fleisch-Suppe darauf gegeben, und damit so lange gekocht, daß das Brod ganz zergeht, und die Suppe etwas sämig ist; dazu wird nun ein halb Pfund ganz fein gestoßene süße Mandeln, einige klein gehackte harte Eydotter gegeben, und gut durchgerührt. Es muß mit den Mandeln nicht kochen, sondern nur neben dem Feuer stehen, dann durch ein Haarsieb gegeben und fest durchgerieben werden, daß es eine weiße sämige Suppe wird; das gehörige Salz und ein wenig Muscatenblumen hinein gethan, und dann gegen das Feuer gestellt, daß es kochend heiß bleibt. Wenn man anrichten will, so mitonnirt man das Brod, und dann kann man in die Suppe legen, was man will: Hünerbrüste, farcirte Kalbsknochen, oder einen in der Tortenpfanne gelbbraun gebackenen Klump.

Krebs-Suppe.

Man verfertiget eine Krebs-Cottlige folgendermaße: die Krebse werden gewaschen, und dann in heißem Wasser mit dem gehörigen Salze zum Feuer gebracht, gekocht, bis sie eben gahr sind; dann auf einen Durchschlag geschüttet, daß sie abtriefen. Nun werden die Krebse aus den Schaalen gemacht, so behutsam, daß Scheeren und Schwanz unverletzt bleiben; alles Fleisch aus dem

dem Kopfe ausgelesen, aus dem Schwanze den Darm gelößt, — die Schaalen mit etwas Butter so fein, wie möglich, gestoßen. Dann giebt man Butter in ein Casserol, läßt sie schmelzen, rührt einige Löffel feines Mehl hinein, und läßt dies unter beständigem Rühren schwitzen oder gelinde kochen, bis es sich vom Castrole löset; dann gleichviel von diesem Mehlbrei und von den gestoßenen Krebsschaalen in einen Durchschlag gegeben, mit kochender weißer Bouillon durchgetrieben, immer Suppe, Krebsschaalen und Mehlbrei wieder eingefüllt, und mit einen Löffel so gerührt, daß alles Rothe aus den Schaalen rein herauskommt. Diese durchgeriebene ganz rundliche Krebs-Coullige rührt man nun durch ein Sieb, damit, wenn etwa durch die Löcher des Durchschlages etwas Schaale mit durchgekommen wäre, solche im Siebe zurückbleibt. Die durchgeriebenen Krebsschaalen kann man mit etwas Bouillon auf dem Feuer noch eine Viertelstunde auskochen lassen, und dies dann mit geschwitzten Mehl rundlich gemacht, um im bedürfenden Falle die Suppe damit zu verlängern. Von den Krebsköpfen kann man einige füllen, gahr kochen, und zu der Coullige geben; so auch einige Scheiben Sellery, Petersilienwurzeln und kleine Fleischklümpchen; das gehörige Salz und Muskatenblumen, und so die Suppe bis zum Anrichten scharf heiß erhalten.

Klare braune Suppe.

Man macht eine gute kräftige und wohlschmekkende braune Brühe; wenn man bald anrichten will, legt man geröstete Semmelscheiben in die Suppenschüssel, gießt von der Brühe durch ein Sieb darauf, mit einer Schüssel zugedeckt und mitonniren lassen. Wenn man sie dann zur Tafel geben will, gießt man so viel Brühe durch ein Sieb darauf, als man Suppe nöthig hat; man kann auch beim Anrichten einen gebackenen Klump in die Suppe legen.

Klare weiße Bouillon-Suppe.

Wenn man ein Stück Rindfleisch kocht und die Suppe gebrauchen will, so muß man nicht zu viel Wasser darauf gießen, damit die Suppe kräftig wird; dann nimmt man ein Bund Kräuter, als Sellery, Porree, Dragon, Tripmadam, bindet solches fest zusammen, und gibt dies daran; auch einige Petersilienwurzeln, gelbe Wurzeln, ein wenig Salz, einige Stücke Ingwer, etwas Muscatnuß. Wenn die Suppe recht kräftig ist, so gießt man so viel ab durch ein Sieb in einen Topf, wie man zur Suppe nöthig hat; wenn man anrichten will, giebt man geröstete Semmelscheiben in die Terrine, und gießt die klare Suppe ganz kochend heiß darauf. —

Zwiebel-Suppe.

Man setzt des Morgens frühe Rindfleisch zum Feuer, so viel, als man glaubt nöthig zu haben, damit

damit die Suppe gegen die Zeit, da man die Zwiebeln darein geben muß, fertig und kräftig ausgekocht ist. Die Zwiebeln werden in Scheiben geschnitten, in Mehl umgekehrt, in einer Pfannenkuchenpfanne in gehöriger Butter mürbe und gelbbraun gebraten [aber nicht brandbraun, sonst schmeckt die Suppe bitter]; dann giebt man die Zwiebeln in eine zinnerne Terrine, legt 8 geröstete Semmelscheiben darauf, und giebt so viel Suppe dazu, daß es bedeckt ist, und läßt dies auf einem Feuerfaß eine Stunde so mitonniren (langsam kochen); wenn es abkocht, giebt man kochende Suppe (die man beim Feuer bereit stehen haben muß,) dazu, füllt fleißig die Butter, welche oben kömmt, ab; dann giebt man gestoßene Muscatenblüte kurz vor dem Anrichten daran. Für 8 Personen sind 6 spanische (d.h. große) Zwiebeln genug.

Hüner-Suppe mit Fleischklümpen.

Die Hüner blanschirt und eingebogen, dann mit kochendem Wasser und einem Stück Butter zum Feuer gebracht, aber nicht mehr Wasser darauf, als nur eben nöthig ist, damit die Suppe recht kräftig wird. Wenn sie kocht und abgeschäumt ist, so giebt man ein Bund Kräuter, nebst ein paar Stücke Ingwer und einem Stück Butter mit so vielem Mehl eingeknetet daran, daß die Suppe ein wenig sämig wird, und wenn es halb gahr ist, auch kleingeschnittenen Sellery und Petersilienwurzeln dazu gethan, und dann zusammen gahr ge-

gekocht; unterdessen wird eine feine Farce zubereitet, und kleine runde Klümpchen davon gemacht, diese nur einigemahl gelinde aufkochen lassen, dann das gehörige Salz und Muscatenblumen in die Suppe gegeben, so ist sie fertig. Man kann sie auch mit einigen Eydottern ablegiren.

Kalbfleisch-Suppe mit Klümpen.

Das Kalbfleisch hauet man in mittelmäßige Stücke, wässert es aus, blanschirt oder reinigt es, thut es in einen Topf, und gießt gute klare Fleisch-Bouillon durch ein Sieb darauf; wenn man aber solche nicht hat, nur kochend Wasser darauf, aber nicht mehr, als nur eben zur Suppe nöthig ist, weil das Kalbfleisch nicht lange kochen darf, und daher nicht kräftig genug werden mögte; dann verfährt man im übrigen damit, wie mit der vorhergehenden Hüner-Suppe. Man kann auch in diese beiden Suppen Brodtklümpe zur Veränderung machen, auch mit Reis oder Perlgraupen kochen.

Kräuter-Suppe mit verlohrnen Eyern.

Man nehme Kerbel, Petersilie, Sauerampfer, etwas Dragon und Portulack, was man haben kann, wäscht alles rein, läßt es auf einem Durchschlag trocken ablaufen, und hackt es zusammen fein; dann ein Stück Butter in einen Topf gegeben, und die gehackten Kräuter eine Weile darin
ge-

geschwitzt; hierzu einige Löffel voll Mehl gethan, etwas durchgeschwitzt, dann recht gute Fleischsuppe darauf gegossen, es sey von Hünern oder anderm Fleische; auch ein wenig Muscatenblumen und Salz; dann läßt man es kochen, bis die Kräuter gahr sind, und macht während der Zeit so viel verlohrne Eyer, als nöthig sind. Nun legt man geröstete Semmelscheiben in eine Terrine, und wenn man will, kann man solche mit ein wenig klarer Suppe mitonniren, dann die verlohrnen Eyer darauf angerichtet, die Suppe mit einigen Eydottern abgeliret und alsdann darüber gegossen; ein wenig Muscatenblumen übergerieben, so ist sie fertig.

Suppe à la Jacobine.

Man nimmt 1½ Pfund Rindfleisch und etwas geräucherten Schinken, schneidet solches in Scheiben, lässet dieses in einem Casserole anziehen, thut 3 gelbe Wurzeln, Pastinackwurzeln, 3 Stück Sellery, 6 Petersilien-Wurzeln, 3 Zwiebeln dazu, kocht es, bis es recht braun wird, alsdann gießt man Wasser hinzu, wieviel Suppe man haben will, und läßt es kochen, bis alle Kräfte aus dem Fleische heraus sind; alsdann giebt man es durch ein Sieb, und rührt es mit Eydottern ab. Man kann auch etwas Blumenkohl hineinlegen.

Weinschaum-Suppe.

Man nimmt auf ein Quartier Wein 8 Eyerdotter und 8 ganze Eyer, schlägt sie in dem Topfe recht

recht klein, gießt hierauf den kalten Wein über die so geschlagenen Dotter in einen so geräumigen Topf, daß unmittelbar nach dem Aufgusse der Topf nur bis zur Hälfte voll geworden ist; setzt ihn nur gegen Kohlen bei gelinder Hitze, daß der Wein nicht zum Sieden komme, und quirlt so lange den Wein und die Eyer, bis der vom Quirlen entstandene Schaum den ganzen Topf angefüllet; thut nun klein gestoßenen Canehl (Zimt), feingeriebene Citronenschaale und ein Viertelpfund des allerfeinsten Zuckers hinzu, giebt sie in eine Terrine oder Tasse, daß sie warm gegessen werde.

Die Hauptsache dieser Suppe besteht in lauter Schaum, weshalb ein so großer Topf zu nehmen ist, daß das Quartier Wein und die sechszehen Eyerdotter, wenn sie gegen die Kohlen kommen, nur bis an die Hälfte des Topfes reichen. Das nachfolgende stete Quirlen treibt zuletzt den Schaum bis zur Anfüllung des ganzen Topfs in die Höhe. Wenn in einer Jahrszeit die Eyer zu rar seyn sollten, so kann man im Nothfall das Weiße von allen Eyern beibehalten; in diesem Fall würden zu einem Quartier Wein zwölf Eyer hinlänglich seyn; aber die Sache schmeckt und schäumet doch besser von halb Dottern und halb ganzen Eyern. Der Canehl muß nicht ganz gelassen, sondern fein gestoßen seyn, damit er das Schäumen der Suppe nicht hindere. Beim Anrichten der Suppe muß nichts aufgestreuet werden, welches die Schaumbläschen niederdrücken könnte; es muß auch die
Suppe

Suppe gleich nach dem Aufgeben gegessen werden; denn wenn die Suppe zu lange stehen sollte, so würde der Schaum sinken, und die Suppe für nicht hinreichend gehalten werden.

Eine Weinsuppe mit einem Klump.

Man nimmt Wein und Wasser, gehackte Citronenschaale und Zucker nach dem Geschmack, ein wenig frische Butter, und läßt solches kochen. Zuletzt rührt man sie mit 4 ganzen Eyern ab, setzt sie wieder aufs Feuer, und rühret sie beständig, sonst käset es. — Der Klump wird folgendermaßen gemacht: man lässet Butter steigen, giebt dann darein geriebene Semmelkrumen, geriebenen Zucker, sehr wenig Corinthen, rührt solches auf dem Feuer, daß es ein wenig beröstet; quirlet alsdann ein ganzes Ey, daß es schäumet, thut es zu den Semmelkrumen, und rührt es scharf damit durch [aber nicht auf dem Feuer]; dann wird es in einen reinen Mörser gethan, nur sehr wenig Feuer darunter und auf einen darüber gelegten Deckel Kohlen gethan. Wenn die Suppe angerichtet werden soll, legt man den Klump vorher in die Schüssel, und gießt die Suppe darüber.

Brodt-Suppe mit einem Berg.

Man reibt ein gutes Theil klares Rockenbrodt; dieses schwitzt man in Butter, giebt dazu fein gestoßenen Zucker, Canehl, geriebene Citronschaale und Corinthen; wenn es losgeschwitzt, drückt man diese Masse in einen blechernen Mörser. Beim Anrichten

ten der Suppe setzt man diesen Berg in die Mitte der Terrine, besticht ihn mit in Streifchen geschnittenen Mandeln. Die Suppe macht man folgendermaßen: Man giebt in einen irdenen Topf ein gut Theil klares, in Scheiben geschnittenes Rocken-Brodt, etwas Kümmel, ein Stück frische Butter, Citronschaale, Zucker und Caneel, nach dem Geschmack, auch etwas Salz, läßt es so lange kochen, bis es mürbe ist; dann durch einen feinen Durchschlag gestrichen und mit einigen Eydottern mit etwas weißem Wein klein gerührt, die Suppe ablegiret.

Kranken-Suppe.
(Vom Hrn. Leibmedicus Lentin.)

Eine saftige, dünnschaaligte bittere Orange wird eingekerbt wie zu Bischoff, dann behutsam geröstet, in Wasser mürbe gekocht, mit einem hölzernen Löffel gedrückt, daß der Saft herausgeht, dann durchgeseihet; die Brühe mit etwas gestoßenem Zwieback und Zucker und mit einem Eydotter abgerührt, auch 2 Eßlöffel voll Wein dazu; [noch besser, mit Himbeersaft versüßt] in eine Schaale die Orange hineinlegt, die kochende Suppe darüber gegeben, gleich zugedeckt, und, um den Appetit des Kranken zu reitzen, den Deckel der Schaale, indem man sie ihm hinreicht, unter die Nase gehalten, daß der Geruch der Suppe sogleich sich ihm mittheilet.

Mandeln-Suppe.

½ Pfund gestoßene Mandeln;
3 Löffel voll Reisblumen oder, statt deren, fein gestoßenen Reis oder Gries;
1½ Quartier süße ungeröhmte Milch,
2 Eßlöffel voll Canehlwasser;
2 Eßlöffel voll Rosenwasser;
Zucker nach dem Geschmack.

Die Mandeln und Reisblumen in die Milch eben gerührt, zum Feuer gesetzt, und unter stetem Rühren so lange gekocht, daß es ründlich wird; dann durch ein Sieb gerührt, wieder aufs Feuer gesetzt, alsdann das Canehl- und Rosenwasser hinzugethan, durchgerührt, und dann zur Tafel.

Noch eine Vorschrift von Mandelnsuppe.

Wenn die Mandeln von der Schaale gemacht und fein gestoßen sind, nimmt man, statt Milch, mit Citronschaale abgekochte und abgeklärte Habergrütze, rührt die Mandeln in die Suppe, und läßt sie von dem Kochen kommen (nicht kochen, sonst wirds öhligt); dann abgenommen, durch ein Sieb gegeben, die Mandeln tüchtig ausgedrückt, Orangenwasser dazugegeben, und Zucker nach dem Geschmack; mit Eydotter abgerührt, angerichtet und mit Canehl bestreuet.

Eine Kraftsuppe für Kranke.

Zwei Pfund schieres Rindfleisch, 3 Pfund Kalbfleisch, ein altes Huhn, die Knochen alle gequetschet und dann in einen Topf mit Wasser gethan, nebst einem

einem Loth Muscatenblumen, den Topf fest zuge=
kleistert, und 5 Stunden gekocht, dann das Klare
abgegossen und hingesetzt, dann alles Fleisch klein
gestoßen, mit der Grundsuppe durch ein Tuch ge=
wrungen oder durchgepreßt; dann solches, beson=
ders hingesetzt, so wirds wie ein Gallert und
wenn man davon gebrauchen will; so nimmt man
von beidem etwas; es ist sehr schön und kräftig.

Zweite Abtheilung.
Von Saucen.

Citronen=Sauce zu einem Bouding.

4 bis 5 Eyer ganz klein gequirlet, dann ein
halb Nössel weißen Franzwein, von 3 Citronen
die Schaale auf Zucker abgerieben, den Saft von
3 oder 4 Citronen auch hinzu, nebst einigen Stücken
Canehl, schlage es mit der Reiser=Ruthe derb
durcheinander, setze es zum Feuer, und schlage es
beständig, bis es zum Kochen kommt, (es kann
unter beständigem Schlagen wohl so sachte einmal
aufkochen) dann gleich vom Feuer genommen, im=
mer geschlagen bis es abgekühlet, dann in den
Saucen=Kump gegeben.

Courage=Mus oder Weinschaum.

Man quirlet 5 ganze Eyer und noch 7 Eydot=
ter ganz klein, rühret 2 Messerspitzen feines Mehl
mit

mit wenigem Waſſer an, daß es nicht klümprig
werde, giebt es zu den Eyern, und auch ein gut
Stück Zucker, worauf die Schaale von 2 Citronen
abgerieben; ferner ¾ Quartier guten Franzwein.
Dies ſchlage man tüchtig durch einander, gebe es
zuſammen in eine tiefe Caſſerole, und ſchlage es
mit einer Ruthe auf mittelmäßigem Feuer beſtändig.
Wenn es anfängt heiß zu werden, giebt man den
Saft aus 3 Citronen hinzu, und Zucker nach dem
Geſchmack, ſchlägt es ſo lange auf dem Feuer, bis
es Blaſen ſchlägt, und feiner Schaum in die Höhe
ſteigt; dann vom Feuer genommen, und geſchlagen,
bis es kalt iſt, ſodann wird es in eine Saladiere
gegeben.

Noch eine Vorſchrift, Weinſchaum zu machen.

Von 4 Eyern das Weiße zum ſteifen Schaum
geſchlagen, 8 Eydotter dazu gerührt, von 2 Citronen die Schaale abgerieben, Zucker nach dem Geſchmack, und 16 Löffel voll Franzwein; nehmlich
zwei Eßlöffel auf ein Ey gerechnet.

Krebs-Sauce zu machen.

Die Krebſe werden gewaſchen, und dann, in
heißem Waſſer mit dem gehörigen Salze, zum
Feuer gebracht, gekocht bis ſie eben gähr ſind;
dann auf einen Durchſchlag geſchüttet, daß ſie abtriefen. Nun werden die Krebſe aus den Schaalen gemacht, ſo behutſam, daß Scheeren und
Schwanz unverletzt bleiben; alles Fleiſch aus dem
Kopf ausgeleſen; aus dem Schwanze den Darm
ge-

gelöset — und die Schaalen mit etwas Butter so fein wie möglich gestoßen, dann giebt man Butter in ein Casserol, läßt sie schmelzen, rührt feines Mehl hinein und läßt dieses unter beständigem Rühren schwitzen oder gelinde kochen, bis es sich vom Casserol löset; dann gleichviel von diesen Mehlbrei und von den gestoßenen Krebsschaalen in einen Durchschlag gegeben, mit kochender Bouillon durchgetrieben, Mehlbrei wieder eingefüllt, und mit einem Löffel so gerührt, daß alles Rothe aus den Schaalen herauskommt. Diese durchgeriebene Krebssauce rührt man nun durch ein Sieb, damit, wenn etwa durch die Löcher des Durchschlages etwas Schaale mit durchgekommen wäre, solches im Siebe zurücke bleibt. [N.B. Man nimmt deswegen zuerst einen blechernen Durchschlag, weil das Sieb das starke Rühren nicht aushalten würde; zum bloßen Durchreiben der Sauce ohne Schaalen, geht an.] Die durchgeriebenen Krebsschaalen kann man mit etwas Bouillon auf dem Feuer nachkochen lassen, und dies dann mit geschwitztem Mehl rundlich gemacht, durchgesiebet und im bedürfenden Falle die Sauce damit verlängert. Der erst durchgeriebenen Krebssauce wird mit etwas geriebener Muscatnuß und Salz der Geschmack gegeben, die ausgemachten Krebse hineingeschüttet, und nun zum Gebrauch warm gemacht; sie darf aber nicht kochen, sonst klärt sie sich und die Krebse werden ganz hart. Man giebt diese

Sauce

Sauce über Blumenkohl, bei Fisch-Bouding, über junge Hüner oder Tauben.

Meerrettig-Sauce.

Man nimmt ein Stück Butter und rühret sie zu Schaum, giebt einen halben Löffel voll feines Mehl, nebst einer Stange geriebenen Meerrettig hinzu, rührt es durch einander, gießt dazu recht starke braune Rindfleisch-Jus, läßt dies aufkochen, streicht es durch ein Sieb, rührt es mit 2 Eydottern auf dem Feuer ab, daß es die gehörige Ründe erhält; ein wenig Zucker, 6 Gewürz-Nelken und Muscatenblumen gleich mit dazu gegeben, so ist sie gut. Zu Rindfleisch und blau gekochten Karpfen ist sie gut zu essen.

Sauce zur Kalbs-Sülze.

Sechs Sardellen ausgewässert, fein gehackt; ein wenig Cappern fein gehackt; ein wenig gehackte Petersilie; ein Eßlöffel voll Senf; 4 weichlich hart gekochte Eydotter, mit Essig zur Salbe gerührt, dann noch ein wenig sehr fein gehackte Citronenschaale; Essig und Baumöhl nach Gutdünken.

Sauce-Remolade.

Man hackt einige Schalotten, etwas Cappern, etwas Petersilie und Sardellen recht fein, rührt dann 2 hart gekochte Eydotter mit einem Löffel voll Provenceröhl glatt, thut das Gehackte nebst
eini-

einigen Theelöffeln voll Senf dazu, rührt es wohl durcheinander, giebt dann so vielen guten Weinessig dazu, daß es eine flüssige Sauce wird, so ist es fertig.

Sauce hachée.

Man nehme Morcheln, Trüffeln, Champignons, Pinzeln und Pistatien; wenn solches alles gereinigt und klein gehackt ist, ein wenig gelbbraunes Mehl gemacht, ganz fein gehackte Zwiebeln in Butter geschwitzt, die zu dem Mehl gegeben, die gehackten Ingredienzen und gescherbte Citronenschaale, solches alles zusammen durchgerührt, und dann mit kräftiger Fleisch-Suppe oder Braten-Jue zu einer sämigen Sauce kochen lassen; zuletzt Citronen-Saft eingedrückt, so ist sie recht. Diese Sauce wird unter ein Stück Rindfleisch gegeben.

Sauce unter gekochtes Rindfleisch.

Fünf Loth ausgewaschene Butter, solche läßt man gelbbraun werden, giebt so viel Milch darein, daß die Sauce davon ründlich werden kann; ein Bouquet feine Kräuter und eine Zipolle, dann giebt man Rindfleisch-Brühe darauf — kleingeschnittene Citronschaale, von einer Citrone den Saft, ein wenig Nelken, Muscatenblumen und zuletzt Sardellen, oder einen ausgewässerten Häring; lässet das letzte nur einmahl damit aufkochen.

Braune

Braune Jus zu machen.

Man nimmt schieres Rindfleisch aus der Keule, 4 Pfund oder auch mehr, nachdem man dieselbe braucht; das Fleisch einen halben Finger dick in Scheiben geschnitten, dann die Scheiben platt geschlagen, und Scheibe bei Scheibe in eine Casserole gelegt; hierauf einige gelbe und weiße Wurzeln, ganzen Sellery, einige Zwiebeln, auch feine Kräuter in ein Bouquet gebunden, alles dazu gegeben, zugedeckt, auf einen niedrigen Dreifuß gesetzt und Kohlenfeuer darunter gemacht, und so verdeckt immer schwitzen lassen, bis alle der Saft, so im Anfange herausgelaufen, wieder eingeschmort und das Fleisch recht braun geworden ist; dann recht kräftige Fleischbrühe darauf gegeben, und es zusammen eine Stunde langsam kochen lassen; dann durch ein Sieb gegossen, so ist sie fertig, und kann zu Allem gebraucht werden.

Braune Robert=Sauce.

Man macht ein wenig braunes Mehl mit fein gehackten Zwiebeln, ein oder zwei Löffel voll Senf, Citronen=Schaalen, auch einige Citronenscheiben und dann ein wenig Fleischbrühe daran gegossen und damit ein wenig durchkochen lassen, daß es eine sämige Sauce wird; zuletzt nur ein wenig Weinessig und ein wenig Zucker dazu, so ist die Sauce fertig.

Weiße Cappern=Sauce.

Ein gut Stück ausgewaschene Butter, einen schlichten Löffel voll Mehl, 2 Eydotter, ein wenig Muscatenblumen, Lorbeerblätter, ein Stück Citronschaale: dieses zusammen in einer Casserole wohl durchgeknetet, dann einige Löffel voll Cappern dazu gethan, und mit guter klarer Fleischbrühe zu einer sämigen Sauce abgerühret.

Weiße Schalotten=Sauce.

Ein Stück Butter, einen Löffel voll Mehl, ein gut Theil fein gehackte Schalotten: solches zusammen durchgeknetet, dann mit einer klaren Fleischbrühe zu einer sämigen Sauce abgerührt, zuletzt mit ein wenig Essig gebrochen, auch ein wenig gestoßne Nelken daran gegeben.

Anschovis = Sauce.

Ein Stück ausgewaschene Butter, einen Löffel voll Mehl, ganz fein gehackte Schalotten, ein gut Theil klein gehackte Anschovis, Citronen, Lorbeerblätter: dieses zusammen durchgeknetet und mit einer guten Fleischbrühe abgerührt. Diese Sauce ist zu Fischen, Pasteten, Grilladen und farcirten Sachen. Die Anschovis müssen vorher ein wenig ausgewässert werden.

Auster = Sauce.

Die Austern werden aufgemacht und aus den Schaalen geschnitten, in ein Geschirr gegeben,

ben, ein wenig Waſſer daran gegoſſen, und ſolches nur einmahl aufkochen laſſen; dann ein Stück Butter mit einem Löffel voll Mehl in einer Caſſerole durchgekneret, auch einen Löffel voll Champignon-Pulver und Citronenſaft dazu, dann das Auſterwaſſer durch ein kleines Sieb davon gegoſſen, auch Muscatenblumen hinzugegeben, und alles zu einer ſämigen Sauce abgerührt; dann kann man von den Auſtern den Bart abmachen, und die reinen Auſtern zu der Sauce geben. Dieſe Sauce iſt zu Fiſchen, Capaunen und faſt über alles zu brauchen.

Butter-Sauce.

Die Butter muß man vorher auswaſchen, und die Hälfte davon in einen Topf geben, nebſt 2 bis 3 Löffel voll Waſſer und einer Meſſerſpitze voll Mehl; dann ſolches auf gelindem Feuer abgerührt, mit dem Löffel die Butter immer in die Höhe gezogen, dann die andere Hälfte Butter nachgerade ſtückweiſe dazu gethan, und wenn die letzte hinein und geſchmolzen iſt, ſo muß man ſie gleich abnehmen, ſonſt klärt ſie ſich. Dieſe Sauce iſt zu Fiſchen, beſonders zu einer Stockfiſch-Paſtete.

Rohm-Sauce.

Man nimmt etwas Butter, einige Eydotter, etwas Peterſilie, in Waſſer einmal aufgekocht, ein wenig Muscatenblumen und Salz; dieſes zusammen durchgeknetet, und dann mit süßem Rohm abgerührt, so ist sie fertig. Diese Sauce braucht man besonders über Karautschen, Stockfisch-Pasteten.

Sauerampfer-Sauce über Schollen, Butte ꝛc.

Man nimmt einige Hände voll Sauerampfer, denselben rein gewaschen, einigemahl durchgehackt, und in einem zugedeckten Topfe in seiner eigenen Brühe gahr schwitzen lassen; dann ein Stück Butter, ein wenig Mehl, einige Eydotter, solches zusammen in einer Casserole durchgeknetet, und hernach auch den Sauerampfer mit seiner Brühe dazu gegeben, auch ein wenig Salz, Zucker, Muscatenblüthe dazu gethan, und dann zu einer sämigen Sauce abgerührt.

Dritte Abtheilung.

Von Gemüsen.

Rothe Rüben zum Gemüse.

Man schälet die rothen Rüben, schneidet sie in feine runde Scheiben, setzt diese mit Butter, Essig, etwas Kümmel und Wasser aufs Feuer, läßt selbige so lange kochen, bis sie gahr sind, und eine rundliche Sauce bekommen.

Gefüllten weißen Kohl.

Man nimmt dazu 2 recht gute Köpfe weißen Kohl, der fein von Stengeln und Blättern ist; denselben rein abgeputzt und in der Mitte durchgeschnitten; dann die beiden Theile etwas ausgehöhlet [man kann so weit, als man den Kohl aushöhlen will, mit einem Messer den Stengel abstechen]; alsdann macht man ein gut Theil geriebenen Semmel, rührt es an mit Eyern, süßem Rohm, geschmolzener Butter, Salz, Muscatenblumen, alles gut durcheinander gerührt und den Kohl damit gefüllt. Auch kann man den ausgehöhlten Kohl etwas klein schneiden, dasselbe ein wenig kochen, dann das Wasser rein ausgedrückt und klein gehackt; hernach den gefüllten Kohl mit Bindfaden fest zusammen gebunden, [man muß jeden Kopf Kohl besonders in ein Tuch binden] und dann in einem großen Topfe gahr gekocht. Wenn man anrichtet, so drückt man alles Nasse von dem Kohl ab, schneidet ihn in 4 Stücke, legt ihn in die Schüssel, und macht eine Butter- oder Rohmsauce darüber; man kann diesen Kohl mit Bratwurst oder Saucischen garniren.

Savoyer- oder weißen Kohl auf eine andere Art.

Den Kohl in 4 Stücke geschnitten und in Wasser mit ein wenig Salz ganz mürbe gekocht, dann das Wasser rein ausgedrückt, die dicken
Sten-

Stengel heraus gemacht, und den Kohl ganz fein gehackt; dann etwas Butter in eine Pfanne gethan und recht heiß werden lassen; hernach einen Löffel voll Mehl darein gethan und durchgerührt; dann auch den gehackten Kohl, süßen Rohm, Muscatenblumen, ein wenig Pfeffer und Salz; dieses eine Weile auf gelindem Feuer durchstoben lassen.

Sauren Kohl.

Man schneidet von einigen Köpfen Kohl ganz fein, wie zu Salat, menget darunter ein wenig Salz und Kümmel, setzet ihn mit einem guten Stück Butter in einem irdenen Geschirr zum Feuer; dann fest zugedeckt, und auf gelindem Kohlenfeuer in seiner eigenen Brühe gahr schwitzen lassen, zuweilen umgerührt; zuletzt, wenn er gahr ist, vollends so viel Butter daran gegeben, wie nöthig; ein wenig Mehl, daß er nicht wässerigt wird, und auch mit etwas Weinessig und etwas Zucker gebrochen; ein wenig Muscatenblüthe.

Poupetons von Blumenkohl.

Den Blumenkohl muß man sauber putzen, in Wasser mit ein wenig Salz gahr kochen; dann setzt man einen Rand um die Schüssel, läßt ihn in einer Tortenpfanne austrocknen; sodann legt man den Kohl zierlich in die Schüssel, macht eine Sauce von süßem Rohm oder Rindfleischbrühe dar-

darüber [man muß so viel Sauce machen, daß man den Kohl ganz damit begießen kann, und daß er bedeckt ist]; dann ein wenig abkühlen lassen, denselben mit fein geriebenem Semmel überhin bestreut, mit dünnen Scheibchen Butter belegt, und dann in einer Tortenpfanne gebacken, daß es oben eine schöne gelbe Farbe bekommt; dann kann man es mit der Schüssel in eine andere setzen, und herum garniren, was man will.

Langen braunen Kohl mit Castanien.

Beim Braunenkohl muß man die Blätter von den Stengeln abstreifen, und den Herzpoll mit dem mürben Stengel abschneiden und kreuzweise einkerben, dann wohl gewaschen, ablaufen lassen, und mit einem guten Stück Butter, Salz, etwas Zucker und kochendem Wasser zum Feuer gesetzt, und so in kurzer Brühe gahr werden lassen. Die Castanien werden mit ein wenig Butter und Zucker gahr gekocht, und dann der Kohl damit garnirt.

Spinat.

Der Spinat wird sauber verlesen, gut gewaschen, in kochend Wasser gethan, einigemahl aufgekocht, dann auf einen Durchschlag gegeben und das Wasser ausgedrückt; hernach ein wenig durchgehackt; dann ein gutes Stück frische Butter in ein Casserol gethan, gestoßenen Zwieback in dieser geschmolzenen Butter schwitzen lassen; hierauf süßen Rohm oder starke Bouillon dazu gegeben,

auch

auch ein wenig Muscatenblüthe; dann giebt man den gehackten Spinat hinzu, und läßt ihn eine Weile durchstoben. Zuletzt schneidet man Semmel in lange Striemeln, solche in Butter gebraten, und wenn man anrichten will, diese auf den Spinat gesteckt.

Artischocken zu kochen.

Die Artischocken muß man unten beim Stengel kurz abschneiden und die kurzen harten Blätter sauber abputzen, dann oben das Spitze, und rund herum von den niedrigen Blättern das Scharfe wohl abmachen und eine Weile ins Wasser legen; dann in kochendem Wasser nebst ein wenig Salz zum Feuer gebracht und gahr gekocht; sodann herausgenommen und auf eine Schüssel gestülpet, daß sie abtriefen, dabei aber zugedeckt, daß sie heiß bleiben; dann kann man sie so auf eine Schüssel setzen; auch kann man das Rauhe, so inwendig an dem Stuhl sitzet, behende herausnehmen, und dann eine Weinsauce dazu gemacht; auch kann man sie mit jungen grünen Erbsen geben.

Kartoffeln mit Häring.

Die Kartoffeln werden in Salz und Wasser gahr gekocht, dann in Scheiben geschnitten, auch der Häring in Stücke geschnitten, eine Zwiebel fein gehackt; dies alles in geschmolzner Butter gelblich geschwitzt, dann ein wenig Bouillon darauf gegossen, in kurzer Sauce schwitzen lassen, und ein wenig Muscatnuß dazu gegeben.

Eingemachte Vitsbohnen zu kochen.

Die Vitsbohnen werden mit heißem Wasser einigemahl abgewaschen, dann in kochendem Wasser in einem geräumigen Kessel gahr gekocht; immer in vollem Wasser kochen lassen; wenn sie mürbe sind, das Wasser abgeschüttet und nochmals mit einem Kessel voll kochenden Wassers abgegossen. Wenn sie rein abgelaufen sind, werden sie mit Milch oder Bouillon gestobt.

Eingemachte grüne Erbsen zu kochen.

Die Erbsen werden mit kaltem Wasser einigemahl abgewaschen, dann in vollem Wasser so lange gekocht, bis sie recht mürbe sind; sodann in einem Durchschlag ablaufen, und hernach in kochendem Zuckerwasser etwas stehen lassen; zuletzt mit gebrochenem Spargel, jungen Wurzeln und guter Bouillon gestobt.

Essig-Gurken einzumachen.

Man wäscht die Gurken rein, und legt sie 24 Stunden in Salzwasser, (auch wohl etwas länger) welches nicht so genau darauf ankommt; dann gießt man das Salzwasser ab, und giebt kochenden Essig darauf. Bevor dieser aber auf den Gurken ganz kalt geworden ist, so gießt man ihn schon wieder ab, giebt die Gurken in ein Glas, wo man schichtweise Dill, Rosmarin- und Lorbeerblätter dazwischen legt; alsdann kocht man den Weinessig wieder auf, schäumt ihn, und
wenn

wenn er kocht, giebt man Nelken, Pfefferkörner und Ingwer hinein, lässet solches einigemahl mit aufkochen, und dann nachgerade, daß das Glas nicht springt, auf die Gurken gegeben, gleich mit Blasen und Papier zugebunden.

Salz-Gurken einzumachen.

Man wäscht die Gurken rein ab, [bürstet sie auch] damit sie recht rein werden, alsdann legt man sie in eine Molde und bestreut sie mit ein paar Hand voll Salz, läßt sie eine Nacht damit liegen; dann trocknet man die Gurken mit einer Serviette rein ab, legt sie in ein Tönnchen, welches die benöthigte Größe hat, packt schichtweise Dill, Weintrauben, saure Kirschblätter und Dragon dazwischen, auch einige Lorbeerblätter, ein wenig Ingwer, Nelkenpfeffer und einige Pfefferkörner, alles nur gequetscht; dann das Tönnchen zugeschlagen, in den Boden ein Zapfloch gemacht, wo man den Trichter aufsetzen kann. Ich nehme gewöhnlich 1 Ankerfaß; hierauf pflege ich wohl 16 Quartier Wasser zu geben; dazu nehme ich 2 Pfund Salz, gut gewogen, schlage dies so lange, bis das Salz geschmolzen ist, gieße diese Söhle auf die Gurken, mache das Faß feste zu, und kehre es alle Tage um. Das Faß bringe ich nicht eher in den Keller, bis die Witterung kalt wird; bis dahin lasse ich das Tönnchen an einem kühlen Orte stehen.

Stachelbeeren einzumachen.

Dazu muß man Stachelbeeren nehmen, die nur halb reif sind; die Stengel und Blüthen werden abgepflückt, die Beeren abgewaschen und auf einen Durchschlag gegeben, daß sie abtrocknen; dann Franzwein zum Feuer gesetzt, daß er kochend wird; hernach thut man ein Theil Stachelbeeren, die völlig Raum darin haben, darein, und sodann gleich vom Feuer abgenommen, und nur ein wenig darin stehen lassen, daß sie nur eben die Farbe verlieren; dann wieder abgegossen, daß sie trocken und kalt werden. Hierauf kann man sie in Zuckergläser, welche ohngefähr 1 Quartier halten, hineinthun, und in jedes Glas etwas von dem Wein, wenn er kalt ist, hinzugießen, aber nicht voll, nur etwas; dann schneidet man ein rundes Papier nach der Größe des Glases, zieht solches durch geschmolzenes Wachs, und legt es über die Stachelbeeren; alsdann muß man von Kork solche große Pfröpfe machen, die rund und glatt sind, und genau auf die Gläser passen; solche fest darauf gesetzt und mit warmem Pech zugepicht, dann in einen Keller oder an einen kühlen Ort gesetzt, auch mit Sand bedeckt, alle 3 Wochen die Gläser umgekehrt, so können sie sehr lange conserviret werden. Wenn man sie gebrauchen will, so werden sie eben so zubereitet, wie die frischen.

Grüne.

Grüne Peterſilie einzumachen.

Wenn im Herbſte die Peterſilie noch gut und kräftig iſt, ſo muß man ein gutes Theil ſäuber abpflücken, rein waſchen und ganz klein hacken. Dann drückt man das Waſſer etwas aus, vermiſchet die Peterſilie loſe mit Salz, und thut dies Angemengte in einen Steintopf, drückt es mit der Hand feſt, bis der Topf voll iſt; dann mit Blaſehaut zugebunden. Auf eben dieſe Weiſe verfährt man mit dem Kerbel.

Vierte Abtheilung.
Von allerlei wilden und zahmen Fleiſchſpeiſen, wie auch wildem und zahmem Flügelwerk.

Boeuf à la Mode von Rindfleiſch.

Man nimmt ein ſchieres Stück Rindfleiſch aus der Keule, klopft es und ſpickt daſſelbe mit großem Speck, giebt Kräuter und Gewürz dazu; dann legt man Scheiben Speck auf den Boden des Topfes, das Rindfleiſch darauf, einige Zwiebeln, Gewürz, Lorbeerblätter, 2 gelbe Wurzeln, dann eine Kelle voll Waſſer darauf gegoſſen, und auf Kohlen kochen laſſen, bis das Waſſer eingekocht iſt; dann macht es ſich braun, wenn man es immer umkehret und recht ſchön gelbbraun werden läßt;

läßt; dann wieder Wasser darauf gegossen, weißes Mehl mit Butter oder nur mit Wasser gerühret, daß es sämig wird; Citronen zu der Sauce, auch etwas Sardellen und Cappern.

Französische Würste.

1½ Pfund vom besten Mett;
½ Pfund frischen Speck, in feine Würfel geschnitten;
6 ganze Eyer;
etwas gestoßene Muscatenblüthe, Nelken und Salz;
für 2 Mgr. abgeschältes, in warme süße Milch geweichtes Franzbrod oder Semmel.

Man nimmt das Mett, reinigt es sorgfältig von allen Sehnen und Haut, hackt es recht fein, alsdann das Speck in sehr feine Würfel geschnitten, auch ½ Pfund Pflaumen eben so fein geschnitten, mischt dies alles mit den 6 klein geschlagenen Eyern und Gewürz durcheinander, nimmt alsdann das vorher in Milch geweichte abgeschälte Franzbrod, drückt es rein aus, giebt es zu dem vorigen, melirt alles wohl durcheinander, und stopft es in die Därme. Nun legt man die Würste in heißes Wasser, und nimmt sie aus demselben, wenn es anfängt zu kochen, so daß die Würste nur steif geworden sind. Sollen sie gegessen werden, legt man sie wie Carbonade auf einen mit Butter bestrichenen Bogen Papier, dessen Enden ringsumher

her 2 Finger breit, wie ein Rand, aufgebogen sind, und brät sie gahr.

Fricassé von jungen Hünern, Tauben und Kalbfleisch.

Wenn die jungen Hüner und Tauben rein gepuzet, auch das Kalbfleisch weiß ist, schneidet man es in kleine Stücke, gießet kochendes Wasser darauf, und lässet es steif werden; dann ein Stück Butter schmelzen lassen, und mit etwas kleingehackter Zwiebel nebst den Hünern, Tauben oder Kalbfleisch schmoren lassen, alsdann einen oder 2 Löffel voll feines Mehl daran gethan, nachdem man viel oder wenig Fleisch hat, daß es eine sämige Brühe wird; dann noch mit dem Mehl schmoren lassen, Bouillon oder Wasser darauf gegeben, Citronschaale, 3 Lorbeerblätter, ein Bouquet von Petersilie und Thymian zusammen gebunden, etwas Salz, Muscatenblumen und dann gahr kochen lassen; 2 bis 3 Eydotter mit etwas Essig, gehackter Petersilie klein gerührt und die Sauce vollends sämig damit gemacht; sie muß aber nicht kochen, daß sie nicht rinnet.

Anmerk. Will man es von Haasen haben; so kann man Morcheln, Champignons, Trüffeln, Cappern, Sardellen, Acia-Gurken daran thun; auch wol ein Stück rohen Schinken, und läßt es vom Anfang an mitkochen.

Für Kranke, oder Brunnengäste, nimmt man Gartengewächse: Blumenkohl, Artischocken-Boden, grüne Erbsen dazu, aber keine Citrone und Lorbeerblätter.

Fri-

Fricandeaux von Kalbfleisch.

Man nimmt eine Kalbskeule (das Kalb muß aber schon vor 3 oder 4 Tagen geschlachtet seyn) und schneidet Stücken einer Hand groß und Daumens dick, und klopfet sie wie Carbonade; sie müssen aber nicht dünn geklopft werden; dann mit Speck gespicket, mit Mehl bestreuet und in Butter braun gemacht, Bouillon darauf gegossen und so gahr kochen lassen, so wird es eine klare sämige Sauce. Wildpret wird eben so zubereitet, dies kann man aber mit Wacholderbeeren machen.

Braune Hammelkeule.

Wenn sie frisch ist, kann man sie mit fingersdickem Speck spicken, dann mit Salz, Gewürz, Thymian, Petersilie, Zwiebeln (alles recht klein gehackt) bestreut, Speck in ein verzinntes Casserol gelegt, und eine Kelle voll Wasser darauf gegossen, Kräuter und Lorbeerblätter dazu gethan, das Wasser einkochen lassen, und gelb=braun gemacht; dann eine Hand voll Mehl daran gegeben und mit schwitzen lassen, hernach Bouillon daraufgegeben und zu einer sämigen Sauce einkochen lassen. Man kann auch eine Gurken=Sauce dazu geben.

Gefüllte Kalbsbrust.

Man nehme eine fette Kalbsbrust, und mache das obere Fleisch mit einem Messer an den Rippen los; aber nicht zu nahe, daß keine Löcher in die Brust kommen; sodann in lauwarmem Wasser
weiß

weiß werden lassen, einen Semmelfarß gemacht [von 2 Mgr. Semmel die oberste Rinde, und in Milch geweicht], dann ein Stück frische Butter in einem Casserole geschmolzen, die Semmel ausgedrückt, und in die Butter ein wenig gehackte Zwiebeln, Tymian, Petersilie, Muscatenblüthe und 4 Eyer auf dem Feuer gerühret, daß es von dem Casserole abgehet und wie ein Klump wird; sodann Salz und ein rohes Ey noch dazu geschlagen, in die Brust gefüllt und zugenähet, dann Butter, Bouillon, Salz, Citronenschaale, Lorbeerblätter, ein Bouquet von Petersilie, Tymian, eine ganze Zwiebel dazu, und gahr kochen lassen; alsdann weißes Mehl dazu gethan, auch Morcheln, Kalbspries, Citronscheiben, Gewürz. Ist es nicht dicke genug, eine Hand voll Semmelkrumen, dann Gewürz und Citronensaft, so ists fertig.

Anmerk. Man kann sie auch mit Sardellen, Cappern und Gurken machen, nur dürfen diese 3 Species nicht kochen; unter die Farce kann man kleingehacktes Nierentalg oder kleingehacktes Speck nehmen.

Gespickte Tauben à la Pàtétière.

So nimmt man junge große Tauben, die recht ausgewachsen sind, und pflückt sie trocken, auf dem Feuer abgesenget und ausgenommen. Die Flügel und Hälse abgeschnitten, und die Füße eingebogen, dann die Magen, Lebern und Flügeln mit den Tauben gahr kochen lassen. Wenn sie auf dem Roste steif gemacht sind, so spickt man sie

sie mit Speck (der Speck muß aber mit Wein, gehackten Kräutern und Gewürz bestreuet werden), dann die Taube gespickt, im Mehl umgewandt, Butter in einem Casserole braun gemacht, die Tauben hineingelegt, und schön gelb-braun werden lassen; hernach Rindfleisch=Brühe darauf gegossen, Lorbeerblätter, Zwiebeln, Citronschaale und ein Bouquet von Petersilie, Tymian, Basilicum, und gahr kochen lassen; dann kann man es machen mit allen Species, die man zum braunen Ragout braucht. [N.B. Mit der Sauce hachée: klein gehackte Cappern, Sardellen, auch klein geklopfte Murcheln, Petersilie, Tymian, ein wenig Schalotten, Citronschaale und Saft, Nelken und Pfeffer. Wenn alles klein, die Sauce von den Tauben durch ein Haarsieb gegossen, die Tauben hineingelegt, und es nach dem Geschmack gemacht, dann sämig kochen lassen, so ist es gut.]

Hammelkeule, so schön gebraten;
oder
Kalbskeule mit einem Ragout.

So macht man braunes Mehl mit Zwiebeln und läßt es durchkochen mit Bouillon, Lorbeerblättern, Citronenschaale, Essig, Nelken, Pfeffer, und streichet die Sauce über die Hammel= oder Kalbskeule. Hat man etwas Jus von dem Braten, giebt man sie dazu; dann macht man ein Ra=

gout

gaut oder klein gehackte Sardellen, Cappern, Augurken und mit Citronſcheiben.

NB. Will man es in Scheiben ſchneiden, macht man es eben ſo; desgleichen von Kükens (jungen Hünern), Tauben, Capaunen, Putern, d. h. wenn es gebraten iſt.

Will man es aber weiß haben, ſo nimmt man Butter und brennt weißes Mehl, dazu ein wenig Semmelkrumen, Muscatenblüthe, [Citronen nur daß es ſchmackhaft wird] gehackte Peterſilie, Citronenſaft. Kalbs- Hammel- und Lämmer-Kaldaunen werden auf ebendieſelbe Manier gemacht; ſie müſſen aber vorher abgekocht ſeyn.

Rinder-Kaldaunen braun, wenn ſie gahr gekocht, werden ebenfalls im Ragout ſo gemacht, ſüß oder ſauer, mit großen Roſinen.

Roth geſalzenes Rindfleiſch.

Auf ein Stück Rindfleiſch von 14 — 16 Pund nimmt man für 1 Gr. 3 Pfen. Kiſtenzucker, und eben ſo viel Salpeter, ſtößt dieſen fein, reibet damit das Stück Fleiſch mit dem Zucker vermiſcht tüchtig ein, begießet es alle Morgen mit der Söhle, die ſich davon ziehet; 10 — 12 — 14 Tage lang kann es ſo liegen, gegen Fliegen wohl verwahrt. Es wird in der Söhle gekocht, die ſich darauf befindet.

Eine

Eine Vorschrift, wie Hamburgsche Rindfleisch-Würste bereitet werden.

10 Pfund schieres Rindfleisch, ohne Knochen und Haut gewogen.
4 Pfund schieres Schweinefleisch.
3 Pfund frischen Speck mit dem Fleische gehackt.
7 Pfund von dem dicken Nierentalg.
1 Loth Muscatennuß gerieben, oder wenn selbige zu theuer, 1½ Loth Nelkenpfeffer fein gestoßen.
½ Loth schwarzen Pfeffer fein gestoßen;
1 Quentchen gestoßenen Ingwer;
3 Quartier kalt Brunnen=(weiches) Wasser.
1 Hand voll Salz, (deswegen wenig, weil sie in Söhle gelegt werden.

Das Fett in ganz kleine Würfel geschnitten; aus dem Fleische alles Häutige und die Sehnen sorgfältig ausgesucht, dann klein geschnitten, und mit einem geschärften großen Hackmesser so fein, wie möglich, gehackt. Wenn das Fleisch fein genug ist, wird die Hälfte des zerschnittenen Nierentalges dazu gegeben, und nochmals mit durchgehackt; alsdann in eine tiefe Molde gegeben, das gestoßne Gewürz, Salz und die übrige Hälfte des zerschnittenen Nierentalges und 1½ Quartier kaltes Wasser hinzu, und das so lange mit einander durchgeknetet, bis alles Fett mit dem Fleische vermenget und die Masse ganz geschmeidig geworden;

den; eine Nacht so stehen lassen, den andern Morgen abermals mit 1½ Quartier oder nur mit 1 Quartier durchgearbeitet, dann gleich in gerade weite Därme gestopft; — (die Därme nicht geprickelt) und dann in Salzsöhle aufbewahret.

NB. Will man von den Würsten welche räuchern, so kann man gleich beim Stopfen von der angemengten Masse zurück legen, und dazu dann nach dem Geschmack etwas mehr Salz geben, wie zu denen, die in der Söhle bewahrt werden; oder so man das nicht will, läßt man sie mit wenigerem Salz, wie die andern, bereiten, legt sie 2 Tage in die Söhle, läßt sie dann langsam räuchern, fern vom Schornsteine.

Einige bewahren die Würste nicht in Söhle, sondern legen sie oben auf das gesalzene Fleisch.

Wenn man nur wenige Würste gemacht hat, geht das an, sonst ist die obige Methode besser. Von vorbeschriebener Portion Fleisch habe ich immer 20 bis 21 Stück erhalten.

Fünf Viertelstunden vor der Mahlzeit wird die Wurst in einem geräumigen irdenen Geschirre mit kaltem Wasser zum Feuer gebracht; sie muß eine Stunde langsam kochen denn wenn, die Haut berstet, so ist sie unschmackhaft und trocken.

Anmerk. Sechs bis acht Tage können die Würste räuchern.

Junge Hüner mit Blumenkohl.

Wenn die jungen Hüner rein und ausgenommen

men sind, so müssen die Füße eingebogen, die Hälse und Flügel abgeschnitten werden, und in kochendem Wasser steif werden lassen, dann weißes Mehl mit Butter, Rindfleisch-Brühe, so, daß die Hüner bedeckt liegen; dann eine Zwiebel, Salz, ein Bouquet von Tymian und Petersilie daran gethan, und damit halb gahr kochen lassen. Demnächst den Blumenkohl abgekocht mit Wasser, das Wasser ablaufen und mit den Hünern vollends gahr kochen lassen, auch ein wenig Pfeffer und Muscatenblüthe gestoßen dazu gegeben. Ist die Sauce noch nicht sämig genug, so kann man sie mit Semmelkrumen oder mit 2 bis 3 Eydottern vollends rundlich machen.

Junge Hüner mit Erbsen.

Die Hüner werden auf vorige Manier zurecht gemacht, doch müssen sie ganz gahr kochen; dann die Erbsen in Butter und Wasser in kurzer Brühe gahr geschmort, Petersilie gehackt, etwas Zucker dazu gethan, dann von der Hünerbrühe auf die Erbsen gegossen, und wenn die Hüner angerichtet werden, kann man die Erbsen darüber geben.

Junge Hüner mit Krebsen und Morcheln.

Wenn die Hüner, wie die vorigen, mit einer Sauce von weißem Mehl gahr gekocht sind, (doch nicht gar zu mürbe,) so nimmt man auf 2 Hüner 15 Stück Krebse, und kochet sie mit wenig Salz gahr; die Schwänze ausgebrochen (etliche läßt man

man ganz, nur die Nasen und Beine abgemacht); dann das Unreine aus den Schaalen gemacht, und die Krebsschaalen im Mörser klein gestoßen, ein gut Stück Butter in einem Casserolle schmelzen lassen, die Krebsschaalen dazu, und mit einem Löffel gerührt, daß die Butter roth wird; dann von der Brühe, worin die Hüner gekocht sind, darauf gegossen, so viel man Sauce braucht, und ein wenig langsam kochen lassen; hernach durch ein Haarsieb auf die Hüner gestrichen, die Krebsschwänze in Stücke geschnitten und zu den Hünern gegeben. Die Morcheln müssen, wenn sie geputzt und gewaschen sind, mit den Hünern etwas kochen, denn wenn die Sauce daran ist, muß es nicht kochen; nur ein wenig Muscatenblüthe daran, so ist es fertig.

NB. Man kann auch etliche Krebsnasen füllen mit dem Semmelfars, und etwas von der Krebsbutter dazu gegeben, oder auch nur rothe Klümpchen daran gemacht, so ists gut; Spargel gahr gekocht, kann man auch daran geben, ingleichen grüne Erbsen.

Kalbsbrust gefüllt, braun.

Die Brust schneidet man auf, füllet sie mit einer guten Farçe [die Brust muß aber nicht ins Wasser gelegt werden]; dann in einem Casserole Butter braun gemacht, die Brust mit Mehl bestreuet, und auf dem Feuer braun werden lassen; wenn sie bald braun ist, etwas gehackte Zwiebeln

beln dazu, Bouillon oder Wasser darauf gegossen, Citronschaale, Lorbeerblätter, ein Bouquet Kräuter, ein Stück rohen Schinken, Salz. Wenn sie gahr ist, nimmt man sie heraus, gießet die Brühe durch ein Haarsieb, und ein Ragout wie die Kalbsbrust gemacht, mit Gewürz und Citronensaft zubereitet, so ist's fertig.

Gefüllte Hüner und Tauben

füllet man mit ebendemselben Semmelfars, und macht sie weiß oder braun, mit Ragout oder Sauce, zurechte. Wenn sie mit einem braunen Ragout oder einer Sauce seyn sollen, müssen sie gebraten werden.

Kalbsleber-Kuchen:

Eine Kalbsleber, eingeschnitten und viermal mit heißem Wasser abgebrannt;

Für 6 Pfennig Semmel, die alt sind, dann gerieben;

3 Eßlöffel voll süßen Flott;

6 Loth frische Butter;

¼ Pfund Speck fein gehackt;

fein gehackten Dragon, Petersilie und Schalotten, in 6 Loth Butter ein wenig geschwitzt, und mit einander hinzu gegeben;

Salz, Muscatnuß;

Dies alles in ein Kalbsnetz gegeben, und sodann in einem Castrol oder Reiskuchen-Form gebacken.

Ochsen-Zungen braun, mit großen Rosinen.

Wenn die Ochsenzungen gahr und abgezogen, schneidet man sie in Stücke, oder 3mal die Länge durch, wie man will. Dann macht man braunes Mehl mit wenig Zwiebeln, läßt es mit Wasser und Essig durchkochen; dann große und kleine Rosinen gewaschen, und dazu Wein und Citronenschaale, Lorbeerblätter, gestoßene Nelken, Canehl, dieses zusammen sämig gekocht, und mit Zucker süß gemacht; die geschnittenen Zungen hineingelegt, und langsam kochen lassen.

Ochsen-Zungen mit Kirsch-Sauce.

Wenn man die Ochsenzungen gahr gekocht, so schneidet man sie der Länge nach in 3 Stücke, bestreicht sie mit geschmolzener Butter, und bestreuet sie mit Semmelkrumen, Salz und etwas gehackter Petersilie. Alsdann auf die Röste gelegt und gebraten; hernach stößet man ½ Pfund trockene Kirschen und lässet sie in Wasser gahr kochen; braun Mehl dazu gethan, dann durch ein Haarsieb gestrichen, und Wein, Zucker, Citronenschaale, Canehl dazu gegeben, und sämig kochen lassen; nicht zu süß und nicht zu sauer gemacht. Wenn die Ochsenzungen gebraten, wird die Sauce in die Schüssel gegeben, und die Zungen darauf gelegt, so ists gut; kalt oder warm.

Puter in Gallert zu kochen.

Nachdem man den Puter gesenget, sehr rein ge-

gestoppelt und ausgenommen hat, schneidet man ihn hinten bei dem Rückgrad auf, löset das Fleisch sehr behutsam von den Knochen ab, steckt die Keulen ein, wie man an einem Huhne thut, welches man kochen will, und nimmt das ganze Knochengerippe heraus, bestreuet den Puter inwendig mit etwas gestoßenem Pfeffer, Gewürz-Nelken und ein wenig gehackten Zwiebeln, schlägt ihn wieder in seine gehörige Form zusammen, und wickelt ihn in eine Serviette. Auf einen Puter rechnet man 8 Kälberfüße, welche man von den Knochen ablöset und blanschirt, alsdann mit dem eingenäheten Puter in einen mäßigen verzinnten Schließkessel legt, und diesen voll kalten Wassers gießet. Man giebt daran 2 Hände voll Salz, einige Körner ganzen Pfeffer, 2 Lorbeerblätter und ein Bouquet feine Kräuter, (als Dragon, Tymian, Petersilie, Tripmadam, etwas Basilicum und Selleryblätter); damit muß es etwa 2 Stunden kochen und rein abgeschäumt werden. Zu mehrerer Sicherheit, daß der Gelee steif genug werde, nimmt man auch wohl Hirschhorn, welches vorher, wie zu anderm Gelee, gekocht wird. Wenn die Kälberfüße und der Puter gahr sind, nimmt man es heraus, läßt die Sauce noch ein wenig kochen, alsdann wird sie durch ein Sieb gegeben. Sodann setzt man sie wieder aufs Feuer, giebt Weinessig und ½ Quartier Franzwein, Citronschaale und Saft nach Gutdünken dazu. Um dem Gelee Couleur zu geben,

geben, thut man Zucker in eine Kelle, hält sie über Kohlenfeuer, daß der Zucker schmilzt und bräunlich wird, und giebt dies zu dem Gelee. Wenn dieses mit einander gekocht, giebt man von 6 Eyern das Weiße zu Schaum gequirlet darein, lässet es noch einmahl aufkochen, darauf läßt man es durch einen Gelee-Beutel laufen, und giebt es so oft durch, bis es klar ist; legt in die Form, worein der Puter soll, einige bunt geschnittene Citronscheiben, läßt ein wenig von dem Gallert darauf laufen und steif werden; legt alsdann den Puter, welchen man in der Serviette kalt werden lassen und hernach ausgeschnitten hat, auf den Gallert. Wenn man es conserviren will, läßt man halb Nierentalg und halb Butter zusammen schmelzen, und gießet es darüber her, daß es ganz bedeckt ist; so kann es wohl 14 Tage stehen. Wenn es angerichtet werden soll, macht man die Form unten heiß, und kehrt sie alsdann auf die Schüssel, auf welcher es bleiben soll.

Kalbs-Sülze.

Der Kalbskopf mit den Füßen und einem Pfund fetten Schweinefleisch wird mit 2 Quartier Sauer und 3 Quartier Wasser mit vielem Gewürz, als Nelkenpfeffer, schwarzen Pfeffer, Lorbeerblätter, Zwiebeln und einem Bund feine Kräuter (aber ungesalzen) so lange gekocht, bis es gahr ist; dann nimmt man den Kopf und das Schweinefleisch zuerst heraus, schneidet dieses recht fein,

fein, so viel man kann, in dünne Scheiben, nimmt darauf auch die Füße heraus, und hacket diese; vermischt dann alles dieses durcheinander, und läßt es mit einem halben Quartier von obiger Brühe und einem halben Quartier Essig noch einmahl mitkochen, nachdem man es vorher scharf gesalzen und etwas fein gestoßne Nelken und Muscat dazu gegeben hat. Sollte noch nicht Brühe genug auf dieser Masse seyn, so kann man noch etwas gekochtes Wasser dazu geben. Wenn es durchgekocht hat, füllet man es in die Gefäße, in welche man die Sülzen zu geben denkt, doch nicht ganz voll, damit die Gelee noch Raum hat. Zu der Kopfbrühe kommt nun noch ein halb Quartier Wein und $\frac{1}{2}$ Pfund Zucker; wenn sie damit noch einmahl aufgekocht ist, giebt man es durch ein Sieb, klärt es dann mit dem Weißen von drei Eyern, und giebt es durch einen Geleebeutel. Wenn die Sülze kalt ist, kehrt man sie um, und läßt in die Gefäße (die vorher erst wieder ausgewaschen sind) etwas Gelee tropfen, etwa zwei Finger hoch; nachdem dieses erkaltet, legt man die Sülze darauf, und füllt sie dann noch ganz mit dem Gelee an, daß sich alles fest verbindet.

Schweine-Schinken panirt mit Kirsch-Sauce.

Nimm einen mittelmäßigen Schweine-Schinken, der nicht zu lange im Rauch gehangen, [man kann

kann auch einen nehmen, der 8 — 14 Tage in Salz gelegen: ꝛc. koche selbigen ab, nicht zu weich, und nicht zu hart; dann das oberste Fell abgezogen, grob Rockenbrod gerieben, so viel man nöthig hat, dazu Zucker, Canehl, von einer Citrone die Schaale abgerieben, und ein Stück Butter braun gemacht; zu dem Brodte etwas fette Brühe und 2 Eyer, davon einen Teig gemacht, und den Schinken mit Ey bestrichen; das geriebene, nunmehr in Teig verwandelte Brod darauf gedrückt und Fingers dick beklebet, und nun in der Tortenpfanne gelbbraun gebacken; sodann muß eine Kirschsauce gemacht und darunter gegossen werden, den Schinken darauf, und Zucker darüber.

Brägenwurst (Hirnwurst).

Der Brägen wird sauber verlesen, alle Häutchen davon gelöset; dann selbigen zwischen ein Theil sehr fein gehacktes Bratwurstgut gegeben, alsdann die zuvor in Wasser eingeweichten Semmel rein ausgedrückt, und auch dazu; Zwiebeln in Schmalz gebraten, durch einen Durchschlag darauf gegossen, damit die Zwiebelstücken zurückbleiben. Dieses alles tüchtig durchgehackt, und wenn sie gestopft sind, einmahl aufkochen lassen, so sind sie fertig.

Anmerk. Nach Belieben kann auch ein Glas Wein und etwas sehr fein gehackter Kümmel dazu gegeben werden.

Wilden Schweinskopf einzurichten.

Der Kopf wird von dem Schweine so rauh abgeschnitten, und dann die langen Haare erstlich über einem starken Feuer ganz kurz abgebrannt, so viel man abkrigen kann, hernach mit glühenden Feuerschaufeln und glühenden Zangen völlig rein abgesengt, bis er ganz rein ist. Je schwärzer er wird, desto besser ist es. Dies macht man so: man brennet ein paar Hände voll Haberstroh zu Asche; dieselbe Asche klein gemacht, und durch einen feinen Durchschlag gerieben, mit Eyweiß angemischt, den Kopf trocken abgewischt und damit bestrichen, solches antrocknen lassen, dann wieder bestrichen, bis er ganz schwarz wird; sodann in Wasser und Salz gahr gekocht, und wieder kalt werden lassen. Wenn man anrichtet, so setzt man den Kopf in die Mitte auf eine erhabene Schüssel, mit grünen Kräutern ausgezieret. Ehe man ihn kocht, muß man die Zunge ausschneiden, und um das Unter- und Obermaul das Fleisch ein wenig lösen, sonst berstet es im Kochen gern ab und macht den Kopf unansehnlich. Beim Kochen giebt man in das Wasser ganzen Pfeffer, Lorbeerblätter, Zwiebeln und Kräuter; wenn er völlig kalt geworden, verwahrt man den Kopf in einer Lake, welche von Wasser, Essig und Salz gemacht ist. Wenn er zur Tafel soll, wird er sauber abgeputzt, ganz in die Schüssel gesetzt, eine Citrone ins Maul, die Zunge geputzt, der Länge nach durchgeschnitten, und dabeigesteckt.

Wein-

Weineſſig und Pfeffer wird dazu gegeben. Was von dem Kopfe übrig bleibt, kann man wieder in der Lake aufbewahren.

Feines Ragout, welches man als ein beſonderes Gericht, und auch in und über viele andere Sachen gebrauchet.

Dies Ragout beſtehet aus lauter feinen Sachen, als: Kälber-Briſſel, Ochſen-Gaumen und Mäulern, Kälber-, Hammel-, Lämmer-, Schweins-Zungen, Schweins-Schnautzen, Kälbermaul, auch Kälber- und Schweins-Ohren, Morcheln, Trüffeln, Champignons, Hahnenkämmen und dergleichen; alles muß nach ſeiner Art mürbe gekocht, und dann ſauber abgeputzt werden; die Kalbs-Briſſel weiß ausgewäſſert, und dann nur einmal aufgekocht; Morcheln, Trüffeln, Champignons in warmes Waſſer geweichet, und von den Morcheln die Stengeln abgeputzt werden. Von den Artiſchocken-Stühlen ſchneidet man erſtlich unten und rund umher alle harte Schaalen und Blätter ſauber ab, und dann ſo weit, als der Stuhl gehet, oben glatt abgeſchnitten und eine Weile ins Waſſer gelegt; hernach gahr gekocht, aber nicht zu mürbe, dann herausgenommen und in kaltes Waſſer gegeben; ſodann das Unreine, ſo noch an dem Stuhle ſitzet, ſauber ausgeputzet, und wieder abgewaſchen, ſo kann man ſie gebrauchen, wie man will. Nun werden ſie in große Würfeln geſchnitten; die andern Ingregredienzen, jedes nach seiner Art, klein geschnitten, ein wenig gelbbraunes Mehl mit kleingehackten Zwiebeln dazu gethan, über dem Feuer einigemal umgeschüttelt, und dann recht gute Bouillon daran gegossen; dies läßt man ein wenig zusammen durchkochen; zuletzt ein wenig Salz und Citronensaft daran gedrückt, so ist es fertig.

Fein Ragout von Fischwerk.

Dies Ragout bestehet aus lauter feinen Sachen von Fischen, als Austern, Muscheln, Karpfen-Milch, Hechts-Lebern und dergleichen. Wenn man denn von solchen Sachen hat und gebrauchen will, so wird solches vorher nur ein wenig steif gemacht, dann klein geschnitten. Man kann auch Morcheln, Trüffeln, Champignons und kleine länglichte Klümpchens von Fischfarce zur Verlängerung mit dazu nehmen, und solches zu einem feinen Ragout machen; dann kann man es in allen Fischpasteten gebrauchen.

Meritons von Ochsenzungen und Schinken.

Man muß etwas recht gut gekochten geräucherten Schinken und eine frisch gekochte Ochsenzunge in Vorrath haben; von der Ochsenzunge, wenn sie noch warm ist, die Haut abziehen, und dann kalt werden lassen; hernach in Scheiben geschnitten und ein wenig braun gebraten. Nun setzt man einen saubern Rand von gebranntem Wasserteig um eine Schüssel, läßt den Rand gegen Feuer oder in einer Tortenpfanne ein wenig ab-

abtrocknen. Während der Zeit macht man eine gute Coullige, die etwas ründlich ist, und wenn solche fertig und durchgestrichen ist, thut man ein wenig Champignon, Morcheln, Trüffeln, und was man sonst hat, hinein; solches zusammen muß man durchrühren und kalt werden lassen; dann streicht man von der Coullige ein wenig unten in die Schüssel, dann wechselsweise eine Schicht Zungen und wieder ein wenig Coullige übergestrichen, dann eine Schicht Schinken, und so immer eine Schicht um die andere, bis die Schüssel voll ist. Nun giebt man die letzte Coullige einen halben Finger dick darüber her; dann muß man fein durchgesiebtes Brod in einer Pfanne über dem Feuer ein wenig braun machen, oder gestoßenen Zwieback nehmen, und solchen etwas dick überstreuen; hierauf mit dünnen Scheibchen Butter belegt, und in einer Tortenpfanne gebakken, daß es oben eine braune Kruste bekommt; unten muß nicht mehr Feuer gelegt werden, als daß es nur durch und durch recht kochend heiß wird, aber kochen muß es nicht: so wird es gut.

Meritons von Kälber-Brissel und andern feinen Sachen.

Man nehme Kälberbrissel, Artischockenstühle, Lämmerfüße, Champignons, Morcheln, ein paar gebratene junge Tauben in Stücke geschnitten, alles sauber zurecht gemacht, und dann ein feines Ragout

Ragout davon zubereitet. Wenn es ein wenig durchgekocht ist, so schlägt man einige Dotter aus, solche mit süßem Rahm klein gerühret, und das Ragout damit abgerührt oder ablegiret, dann hingesetzet, daß es kalt wird; gleichfalls einen Rand auf eine Schüssel gemacht, wie schon bemerket ist, nach der Höhe und Größe, wie man viel hat; dann das Ragout hineingegeben, fein geriebenes Brod und Parmisan- oder sonst guten Käse, solches halb ein halb ander zusammengemenget, und etwas dick darüber gestreut, und dann auch, wie das vorige, gebacken, so ist es recht.

Wie man von allen rohen Sachen ein gutes Fricassee verfertigen kann.

Wenn man ein Fricassee machen will, es sey von Kalbfleisch, Lammfleisch, jungen Hünern, (Küken,) Tauben, oder was für Sachen es immer seyn mögen, so hauet oder schneidet man es in kleine Stücke, wässert es einigemahl mit reinem Wasser aus, und läßt es dann in heißem Wasser nur ein wenig kretten oder bestarren, aber nicht zu hart, sonst gehet zuviel Kraft heraus; dann thut man ein gutes Stück Butter in eine Casserole, 2 Scheiben Speck, mit Nelken bestekt, Zwiebeln, Lorbeerblätter, und, so man will, auch ein Bouquet Kräuter; dann das Fleisch sauber ausgeputzet, ausgedrücket und dazu gethan, auch Salz, und, so man will, ein wenig Muscatnuß, dann zugedeckt und auf gelindem Feuer in seiner eignen Sauce gahr geschwitzet und zuweilen umgeschüttelt. Sollte es aber nöthig seyn, und ein wenig Nasses daran fehlen, so kann man nur ein wenig kochend Wasser daran gießen; zuletzt, wenn es gahr ist, und man anrichten will, schlägt man einige Eydotter aus, nachdem man viel Fricassee hat, und rührt sie klein mit fein gehackter Petersilie und Weinessig. Dies allmählig angegossen und damit fleissig geschüttelt, bis die Eyer gahr sind, und die Sauce sämig ist, so ist es fertig.

Ein Ragout von kaltem Bräten zu machen.

Man nimmt das Gebratene, was man hat, es sey wildes oder zahmes Flügelwerk oder andere Art, und schneidet es in feine zierliche Stücke; dann macht man braunes Mehl und gehackte Zwiebeln, Lorbeerblätter und das Gebratene; alles zusammen darein gethan und über dem Feuer einigemahl umgeschüttelt, dann ein wenig Brätenbrühe, welche man ablegirt dazu aufheben muß, nebst ein wenig Bouillon daran gegossen, und damit kurz eingekocht; etwas Citronensaft daran gedrückt, auch ein wenig Champignonpuder daran gethan. Will man eine Veränderung machen, thut man einige gehackte Anschovis, oder ein Stückchen mit einer Zwiebel und Butter klein gehackten Häring dazu.

Kalbfleisch mit Speck und Thymian.

Das Kalbfleisch von der Brust wird in zierliche Stücke gehauen, gehörig blanschirt, dann in Butter geschwitzt, einige Zwiebeln, Lorbeerblätter und Muscatenblüthe dazu. Wenn es meist gahr ist, schneidet man etwas Speck in feine Würfeln, thut solches in eine Pfanne, und läßt es ein wenig braten; dann nimmt man die Speckwürfel heraus, thut in das heiße Fett ein wenig Mehl, und ein gut Theil fein gehackten Thymian, dann läßt man es ein wenig durchbraten, und giebt es nebst den Speckwürfeln und dem gehörigen Salz an das Kalbfleisch, läßt es dann noch ein wenig damit durchkochen, so ist es gut.

Geklopftes Kalbfleisch mit Sardellen.

Man nimmt dazu ein Stück schieres Kalbfleisch aus der Keule, solches in dünne Scheiben geschnitten, auf beiden Seiten ein wenig geklopft, und dünn mit Mehl bestreuet; sodann ein Stück Butter gelbbraun werden lassen, das Kalbfleisch hinein gegeben, zugedeckt und auf gelindem Feuer meist gahr schwitzen lassen, dann Sardellen oder Capern mit etwas vielen Zwiebeln klein gehackt, und auch dazu gethan. Wenn es nöthig ist, ein wenig Flüssiges daran, daß die Sauce eben wird, und nicht kläret, dann noch ein wenig durchgekocht, so wird es gut.

Kälber-Nieren auf Semmelscheiben.

Wenn man eine kalte gebratene Kalbsniere hat, so nimmt man selbige mit dem Fett, schneidet es in Würfeln und hackt es etwas klein; dann legt man es in eine tiefe Schüssel, und thut dazu 2 geriebene Semmel, 4 bis 5 Eyer, einige Löffel voll Rohm, geriebene Muscate und ein wenig Salz. Man kann auch Corinthen und ein wenig Zucker darein thun; solches zusammen durchgerührt, dann auf Semmelscheiben gelegt, ein wenig rund und hoch, mit dem Messer ein wenig glatt gemacht und übergekerbet, und dann in einer Tortenpfanne gebacken. Oben nur darf Feuer, und unten ein wenig Asche seyn; dann warm zur Tafel gegeben und mit Zucker bestreuet.

Lammfleisch mit einer weißen Cappern-Sauce.

Das Lammfleisch wird in mittelmäßige Stücke gehauen, weiß ausgewässert und blanschiret, dann nebst einem Stück Butter, ganzen Nelken und Muscatenblumen, ganzen Zwiebeln und Lorbeerblättern in ein Geschirr gethan, zugedeckt und in seiner eignen Brühe auf gelindem Feuer gahr geschwitzt. Wenn die Brühe zu knapp wird, so kann man ein wenig Flüssiges zugießen, und es vollends gahr werden lassen; dann macht man ein wenig Cappersauce, gießt die Brühe, so auf dem Lammfleisch ist, durch ein Sieb, und rühret die Cappernsauce damit ab; dann das Lammfleisch angerichtet,

und

und die Sauce darüber gegeben, so wird es recht und gut.

Grillade von allen kalten Braten.

Wenn man etwas kalten Braten, es sey von Gänsen, Enten, Kalekuten, Kapaunen, oder was es wolle, zu einer Grillade machen will, so schneidet man es in zierliche Stückchen, dann überher kreuzweis eingeschnitten oder eingekerbet, mit geriebenem Semmel, Pfeffer, Salz und gehackter Petersilie vermischt, die Stücken in geschmolzener Butter umgekehrt und damit bestreuet, dann auf einem Rost auf beiden Seiten braun gebraten; dann kann man eine Schalotten- oder Robert-Sauce dazu machen.

Rollade von Schweinsköpfen.

Man nimmt dazu einen mittelmäßigen Schweinskopf, der nicht zu fett ist, spaltet ihn in der Mitte von einander, und schneidet die Ohren ab; dann ein paarmal in frischem Wasser ausgewässert und nachher gahr gekocht [er muß aber nicht zu mürbe werden, sondern, wenn die Knochen losgehen, so ist er recht]; dann herausgenommen, und die Knochen warm herausgebrochen, daß die Köpfe ganz bleiben. Sodann muß man Salz, gestoßne Nelken, Pfeffer, Muscatenblumen, in Striemeln geschnittene Citronenschaalen, gehackte Petersilie, auch ein wenig Thymian, einige hart gekochte Eyer ein wenig durchgehackt, in Striemeln geschnittene Mandeln und Pistatien in Bereitschaft haben, sogleich warm auf die inwendige Seite des Kopfs dick überstreuen, und den Kopf wieder zusammen binden, so, daß das eine spitze Ende gegen das andere dicke Ende zu liegen kommt; mit einem Bindfaden übers Kreuz wohl umwinden, in ein Tuch schlagen, und unter eine Presse setzen, daß es darunter kalt werde, hernach in einer Lake verwahret. Wenn man davon gebraucht, so schneidet man es in Scheiben, und giebt Weinessig, Pfeffer und gehackte Petersilie darüber oder dabei, wie man will.

Braunes Wildpret mit Oliven.

Das Wildpret sey eine Keule oder sonst dicke Scheiben, wie man es hat; solches wird mit etwas dick geschnittenem Speck durchgezogen, und dann in einer kleinen Braise gahr gemacht. Hierauf macht man braunes Mehl in Baumöhl [wem aber die Oehle zuwider sind, der macht braunes Mehl in Butter]; dann etwas Zwiebeln hinein gethan, nebst einigen Scheiben Schinken und etwas Rinde von grobem Brodte; solches auf dem Feuer wohl durchgeschwitzt, gute Brühe darauf gegeben, solches durchgekocht und dann durch ein Sieb gestrichen; dann geweichte Trüffeln, abgeschälte Oliven, gehackte Petersilie, Pfeffer, Salz und Muscate daran, nun auch das Wild dazu gethan, und zusammen durchpassiret; zuletzt mit einem

einem kleinen Stück Butter ablegiret, so ist es fertig.

NB. Eine Hammelkeule oder Rindfleisch bereitet man auch so, es muß vorher aber geschlagen und eine Nacht mit gehackten Kräutern, Gewürz, Wacholderbeeren, Zwiebeln und ein wenig Weinessig eingebeizet werden.

Gebratenen Hasen mit saurem Kohl, Austern und Morcheln

Den Hasen gespickt und gebraten; dann einen guten sauren Kohl gemacht, und zuletzt Austern, Morcheln und etwas süßen Rahm daran, damit noch ein wenig durchgekocht, so ist es recht. Man kann den Kohl in die Schüssel geben, und den Hasen darauf legen, oder man kann den gebratenen Hasen ein paarmal durchhauen und mit dem Kohl ein wenig durchkochen lassen, und so zur Tafel geben.

Eine Regel von allem, was à la daube gekocht wird.

Eine Kalbskeule, Hammelkeule und Brüste, und alles dergleichen, muß man vorher wohl schlagen, dann recht weiß auswässern, in kochendem Wasser steif werden lassen, und wenn man es aus dem heißem Wasser nimmt, mit ein wenig Speck oder Butter bestreichen; sodann mit einem Tuche hart abgewischet und mit großem Speck durchzogen, so wird es weiß und schön. Ingleichen

chen alles Flügelwerk, als: Gänse, Calekuten, Kapaunen und Enten, alles dergleichen muß man sauber abputzen, daß es weiß und schön aussiehet; dann kann man es auch mit Speck durchziehen. Das Flügelwerk muß man sodann mit einem Bindfaden umwinden, daß es eine gute Form behält. Dasjenige, was man à la daube kochen will, thut man in ein Geschirr, das sauber und weiß kothet, und gießt so viel kochendes Wasser darauf, daß es eben bedeckt ist; ein gutes Theil Salz, eine halbe Bouteille Weinessig und eine Bouteille Wein daran; wenn es anfängt zu kochen, wohl abgeschäumt und dann auch ganzen Pfeffer, Ingwer, ganze Zwiebeln, Lorbeerblätter, Citronen und Kräuter, alles daran und damit gahr gekocht. Sollte man besorgen, daß die Daube von dem Geschirr oder von den Kräutern schwarz werde, so beschmiere man eine dünne Serviette mit ein wenig Butter, und wickele es darein, ehe man es zum Feuer bringet, so bleibet es weiß und schön, welches der beste Zierrath an einer Daube ist. —

Junge Hüner mit Sellery.

Wenn die jungen Hüner weiß und sauber präparirt und eingebogen sind, so giebt man sie nebst einem Stück Butter in eine Casserole, und läßt sie auf gelindem Feuer in ihrer eignen Brühe ein wenig schwitzen; dann ein gutes Theil in 4 Stücke oder in dicke Scheiben geschnittenen blanschirten Sel-

Sellery daran gegeben, nebst ein wenig kochendem Wasser, als ohngefähr zur Sauce nöthig seyn mag, und damit verdeckt noch ein wenig gekocht. Wenn es bald gahr ist, macht man geschwitztes Mehl daran, nebst Muscatenblumen und etwas Salz, dann zu einer kurzen Sauce eingekocht.

Poupeton von Krebsen.

Man nimmt ausgebrochene Krebsschwänze, Kälberbrißel, reingemachte und geweichte Morcheln, Champignons, Artischockenstühle, und was sonst Feines zu haben seyn mag; dann macht man ein wenig weiß gebranntes Mehl mit fein gehackten Schalotten, und thut die Sachen dazu hinein, läßt es auf dem Feuer ein wenig durchpassiren, giebt dann süßen Rohm darauf, und läßt es ganz sachte damit durchkochen. Hierauf macht man von dem Abfall der Krebse ein wenig Coullige, aber nur wenig und kräftig, und thut solche auch dazu; sodann solches einmal zusammen aufkochen lassen, und hingesetzet, daß es abkühlet. Alsdann macht man eine Farce, entweder von Fischen oder von Kalbfleisch, und davon einen Rand um eine Schüssel gesetzt; man kann auch einige Krebsköpfe füllen von der Farce, solche ein wenig vorher abkochen, und dann mit dazu thun. Auch kann man diesen Poupeton mit einem Rande von Reis machen, und Krebsköpfe herum setzen.

Endu=

Endulien, oder Würste von Kälberkaldaunen.

Die Kaldaunen schneidet man in Stücke, kocht sie in Wasser gahr, und spület sie wieder in kaltem Wasser ab. Dann hackt man dieselben etwas klein, und nachdem das Gekröse fett oder mager ist, muß man ein wenig Schweinefett in feine Würfel schneiden, und dazu thun; dann einige Hände voll geriebenen Semmel, ein wenig gehackten Thymian, klein geschnittene Zwiebeln in Butter gebraten, 8 Eydotter, süßen Rohm und Salz, alles wohl durch einander gerühret und in fette Schweins-Därme gestopfet. Dann setzet man Milch zum Feuer, und wenn selbige anfängt zu kochen, so thut man die Würste hinein, nebst Kräutern, ganzen Zwiebeln, Thymian, Petersilie, Coriander und ein wenig Salz, und damit nur langsam gekocht, daß man nur eben sehen kann, daß es sich beweget; alsdann herausgenommen und aufgelegt, daß sie abkühlen; und wenn man sie gebrauchen will, so thut man Butter in eine Pfanne, und läßt sie gelbbraun werden; die Würste, so viel man gebrauchet, hinein gethan und auf allen Seiten ein wenig langsam gelbbraun gebraten. Wenn man die Würste anrichtet, giebt man in die braune Butter ein wenig Brühe und Citronensaft; damit umgeschüttelt und über die Würste gegeben.

Wurst von Kalbfleisch.

Man nimmt schieres Kalbfleisch, und hackt es

es mit Nierenfett ganz klein, als wenn man eine Farce machen will; dann einige Rundstücke in Milch geweicht, Salz, Muscatenblumen, etwas süßen Rohm, alles gut durchgemenget, und, nach Proportion der Schüssel, in länglicht-runde Stücke als eine Wurst ausgewälgert, so viel, als man nöthig hat, solche sodann mit einem Kälbernetze umwickelt, oder, in Mangel dessen, in Papier, so mit Butter bestrichen; dann auf einem Roste gahr gebraten, und gelbbraune Butter mit Citronensaft darüber, so ist es recht.

Kleine Saucischen.

Dazu muß man gutes schieres Schweinefleisch nehmen, und völlig halb so viel Fett, als schieres Fleisch; alle Haut und Sehnen wohl ausgesucht, dann zusammen klein geschnitten, und so fein, wie einen Teig, gehackt; auch Salz, klein gehackte Citronschaalen, ein wenig gestoßene Nelken, Muscatenblühe, nebst ein wenig Wein daran; dann noch ein wenig durchgehackt, und durch eine Sprütze in Schaafsdärme gemacht, und nun kettenweis zusammengebunden.

Fünfte Abtheilung.
Von Fischen.

Hechte mit saurem Kohl, Austern, Krebsen und Morcheln.

Erstlich macht man einen recht guten sauren Kohl ganz fertig; dann nimmt man ausgemachte Austern, ausgemachte Krebsschwänze, geweichte und reingemachte Morcheln, solches zusammen mit ein wenig Butter durchgeschwitzet, und mit etwas süßem Rohm zu dem Kohl gethan; damit durchgerührt, und nur ein wenig durchgestobet. Die Hechte werden gerissen, in Stücke geschnitten, und ordinair in Wasser und Salz abgekocht; und wenn jemand dieses Gericht für seinen gewöhnlichen Tisch macht, so kann man beim Anrichten die Gräten von den Hechten herausnehmen, in einer Schüssel anrichten, und den gemachten Kohl darüber überher geben. — Soll es aber besser seyn, so muß man einen Rand um eine Schüssel setzen, ein wenig antrocknen lassen, dann eine Lage Kohl, die Hechte zielrich darauf gelegt, Haut und Gräten abgemacht, dann Kohl darüber her gegeben, daß die Schüssel meist voll wird; dann eine gelbe Fischsose gemacht, und noch darüber her gegossen; zuletzt mit fein geriebenem Semmel dick bestreuet, mit dünnen Scheibchen Butter überher belegt, und in einer Tortenpfanne gebacken, daß es oben eine schöne Farbe bekömmt. Den Hechtkopf läßt man ganz, und setzt ihn beim Anrichten mitten in die Schüssel, mit der Leber und etwas Petersilie ins Maul.

Gespickte Hechte, oder Hechte en Fricandaux.

Dazu nimmt man etwas große Hechte; von denselben den Kopf und Schwanz abgeschnitten, das Mitteltheil geschuppt und dann gerissen, den Rückgrad auch herausgeschnitten, dann die Mittelstücke sauber abgewischet, mit Salz ein wenig eingesprengt, und etwas damit stehen lassen, hernach abgetrocknet, fein gespickt, etwas Butter in einer Pfanne gelbbraun gemacht, die Hechte auf beiden Seiten mit Mehl bestreuet, in die heiße Butter gethan, und auf beiden Seiten gelbbraun gebraten, doch so, daß sie nicht zu gahr, sondern noch ein wenig saftig bleiben; dann nimmt man die Hechte heraus, und thut in die heiße Butter
den

den Rückgrad, und so man sonst noch ein wenig kleine Fische haben könnte, nebst einem kleinen Stückchen Schinken, welches man alles vorher klein hacken und stoßen muß, auch klein gehackte Zwiebeln und Petersilie; solches zusammen durchschmoren lassen, fleissig umgerührt, dann etwas Fleischsuppe darauf, und damit durchgekocht; hernach durch ein Sieb gestrichen [es muß aber auch vorher ein wenig braunes Mehl mit daran gemacht werden], und so bekommt man eine gute sämige Coullige; diese thut man alsdann mit den Hechten in eine breite Casserole, und läßt es noch ein wenig zusammen durchkochen, so hat man ein schönes Gericht. Den Kopf und Schwanz kocht man blau ab, und setzet solche bei den Hechten in die Schüssel, wenn man anrichtet; so siehet es gut aus.

Hecht blau abgekocht.

Wenn man die Hechte recht lebendig hat, so werden sie ausgenommen, gerissen und in Stücke geschnitten; die kleinern macht man krumm mit dem Schwanz ins Maul; sind sie frisch und schön, so muß man sie nicht waschen, und also beim Zurechtmachen rein damit umgehen; sind sie aber unrein und schleimig, so muß man sie abwaschen, und dann, wie gehörig, in Wasser und Salz abkochen. Wenn sie recht blau und schön sind, so werden sie zierlich angerichtet und die Sauce darunter gegeben, sonst aber, und zumal, wenn sie

sie geschuppt sind, gießt man die Sauce darüber, mit welcher man folgende Veränderungen machen kann, als: 1) mit einer Petersilien=Sauce; 2) mit einer holländischen Sauce; 3) mit Sardellen=Sauce; 4) mit einer Auster=Sauce.

Gebackene Hechte in abgeklärter Butter.

Dazu muß man etwas große Hechte nehmen; dieselben etwas abgeschupvt, gerissen und auch den Rückgrad herausgenommen [nemlich einen ziemlich großen Hecht nur in 4 Stücke]; dann gleichfalls eingekerbt und mit Salz eingesprenget, hernach abgetrocknet und 3 Eyern mit einer steifen Ruthe geschlagen, bis sie recht dick werden; die Fische darin umgekehrt, mit fein geriebenem Semmel bestreuet, und dann in einer weiten Casserole in heißer abgeklärter Butter ausgebacken. Wenn die Fische gahr sind, so muß man ein paar Hände voll rein gemachter Petersilie in Bereitschaft haben, das Nasse rein ausschwenken und dann in die heiße Butter werfen; mit der Schaumkelle immer umgeworfen, bis man sieht, daß er rasch und graß (dicke) wird, so ist er gut; dann gleich herausgenmmen, und auf grau Papier gelegt. Auf die Schüssel, wo die Fische hinein sollen, muß man einen umgekehrten Teller legen, die gebackenen Fische zierlich und hoch darauf anrichten, mit der Petersilie garniren, und halb durchgeschnittene Citronen mit dazwischen setzen.

Karpfen mit einer braunen Sauce.

Der Karpfen wird ganz rein geschuppt, abgewaschen, und indem man ihn schlachtet, über eine zinnerne Schüssel gehalten, um in derselben das Blut aufzufangen; auch mit Essig den Karpfen nachgespült, damit alles Blut rein herauskomme. Hierauf wird der Fisch in Stücke geschnitten, auf derselben Schüssel, worauf das Blut befindlich, die Stücke herumgelegt, etwas Essig, etwas Wasser, ein Stück Butter, eine gute Hand voll geriebenen Honigkuchen, in Stücke geschnittene Sardellen, etwas Nelken, 2 Zwiebeln, ein paar Citronenscheiben und ein wenig Zucker hinzugegeben, die Schüssel auf einen Stritten (Dreifuß) über Kohlen gesetzt, und eine gute halbe Stunde den Fisch gestobet, da man ihn mit einem Tortenpfannen-Deckel, worauf gelindes Kohlenfeuer gelegt wird, zudecket; den Karpfen aber oft mit der Sauce begießet, damit er oberwärts nicht zu trocken werde.

Aspice von Hechten, oder Forellen.

Wenn man etwas Wein-Gelee übrig hat, so macht man folgendes Gericht davon:

Man kocht Hechte oder Forellen, in Stücke geschnitten, mit Salz ab, zieht die Haut davon, wenn sie gahr sind, und setzt das Fischwerk beiseite, daß es kalt wird; dann nimmt man den übrig gebliebenen Wein-Gelee, thut selbigen in einen

einen irdenen Topf; gießt ein wenig Provencer-Oehl dazu, rührt es immer nach einer Seite in dem Topfe, so wird es von dem anhaltenden Rühren dick, wie Brei; dazu giebt man denn vielerlei fein gehackte Kräuter, als: Schalotten, Basilicum, Dragon, Petersilie, Pimpernelle, etwas Weinessig, ein wenig gröblich zerstoßenen Pfeffer, von einigen Citronen den Saft [aber nicht gar zu scharf sauer]; dies alles muß aber sehr langsam gerührt werden; dann wird der kalte Fisch auf eine Assiette gelegt, worauf er bleiben soll. Nun gießt man von der Brühe erst unten etwas, darauf eine Schicht Fische, dann wieder von der Brühe überher gegossen; man muß aber jedesmahl, wenn man von dem Gallert übergegossen hat, die Assiette erst wieder an einen kühlen Ort setzen, daß es etwas steif wird, ehe man wieder Fische überlegt, sonst gleitet es in eins. Die Gräten müssen auch behutsam aus den Fischen gemacht werden, so daß die Stücke ganz bleiben. Der Gallert muß das Letzte seyn, was oben darüber kommt, nicht die Fische. Es muß auch ohnehin den Tag zuvor gemacht werden, sonst wird der Gallert nicht steif, und dann fließt's herunter.

Gestobte Karpfen.

Die Karpfen geschuppt, in Stücke geschnitten, rein gewaschen, auf eine Schüssel gelegt, mit Salz bestreuet, ¼ Stunde stehen lassen, dann abgetrocknet, in Eyer getunkt, in Zwieback und etwas

E

Mehl

Mehl umgekehrt, bräunlich gebraten, und auf eine zinnerne Schüssel gelegt. Die Sauce wird vorher gemacht, ehe man die Karpfen bratet, damit sie nicht kalt werden, sondern gleich so, wie sie fertig gebraten, mit der warmen Sauce auf der zinnernen Schüssel begossen und gestobt werden können. Zu der Sauce nimmt man das Blut von den Karpfen mit etwas Essig — rothen Wein, Lorbeerblätter, ein gut Theil gehackte Zwiebeln, in Butter geschwitzt, ein wenig gestoßenen Zucker, gestoßene Nelken, und ein gut Stück Butter in Mehl umgekehrt, oder geschwitztes Mehl; wenn dieses eben gekocht und sämig ist, und die gehackte Zwiebeln mürbe sind, so streuet man etliche kleine Cappern, mürbe gekochte Kastanien über die Karpfen, gießt die kochende Sauce darüber, bratet in Striemeln geschnittenen Semmel in Butter, Scheiben Zwiebeln in Mehl umgekehrt, auch in Butter gahr gebraten, sodann oben und herum beim Anrichten damit garnirt.

Ein Hecht auf der Schüssel in seiner eigenen Sauce.

Erst den Hecht geschlachtet, geschuppet, gerissen, gewaschen, in Stücke geschnitten von 2 Daumen breit, mit etwas Salz bestreuet, nach einer Stunde wieder abgewaschen und auf eine Schüssel, welche mit Butter eines kleinen Fingers dicke bestrichen ist, gelegt; darauf gegeben aufgewellte Morcheln, Champignons, Trüffeln, 8 gehackte

hackte Sardellen, ganz fein gehackte Schalotten, Nelken, Muscatenblüthe, Pfeffer, Ingwer, in ein reines Läppchen gebunden, daß es einen haut-goût (Würzgeschmack) krigt, und nun auf langsamem Feuer gahr gekocht. Zuletzt müssen Citronenscheiben daran gegeben werden, und ein wenig Zwieback. Von der Sauce, die man von den Morcheln und Champignons durchs Aufwellen erhält, giebt man während dem Stoben einige Löffel voll zu dem Hecht; auch wird derselbe einigemahl umgewendet. Die Schüssel muß mit einem Tortenpfannen-Deckel bei gelindem Feuer zugedeckt erhalten werden; daß es kräftig bleibt.

Anmerk. Einen Karpfen kann man auf eben diese Art bereiten.

Karpfen in seiner eigenen Sauce zu kochen.

Der Karpfe wird ausgenommen, rein abgeschuppt, in Stücke geschnitten und gewaschen; dann wird Butter und ein wenig Mehl in einem Castrol geschmölzen, der Fisch hineingelegt, und Wasser darauf gegossen [aber nicht zu viel]; alsdann kommen Zwiebeln, Lorbeerblätter, auch etwas Nelken, etwas rohen Schinken daran; zuletzt Citronensaft und etwas geriebenen Semmel, so ist er fertig.

Karpfen zu räuchern.

Man nimmt die Karpfen aus, schneidet ihnen die Köpfe ab (welche letztere man nach Belieben kochen kann); die Karpfen salzt man 2 Tage ein, hängt sie 5 bis 6 Tage in den Rauch, und kocht sie dann, wohl abgewaschen, wie geräucherten Hecht, oder auch mit weißen Rüben.

Frischen Lachs zu kochen.

Es wird derselbe in etwa anderthalb finger-dicke Stücke zerschnitten, oder auch größer, wie man will; der Kopf in der Mitte durch. Wenn das Blut rein herausgewaschen, setzt man ihn auf mit kaltem Wasser und giebt dazu [wenn es eine ziemliche Schüssel voll ist] 2 gute Hände voll Salz; läßt ihn ganz langsam kochen; er muß aber nur eben kriemeln, und beständig geschäumt werden. Man kann ihn schmecken, ob er salzig genug ist; wo nicht, ihn noch nachsalzen, welches dieser Fisch vertragen kann. [Einige geben auch wohl zu dem Wasser eine Zwiebel, Salbeyblätter, einige Scheiben Citronen, etliche ganze Pfeffer-körner.] Wenn er gahr ist, wird er angerichtet, mit Citronensaft oder Butter und Essig gegessen.

Stockfisch zu weichen.

Der Stockfisch wird 3 Tage vorher, ehe er gegessen werden soll, des Abends $\frac{1}{2}$ Stunde, etwa um 5 Uhr, in einen Eimer voll reinen kalten Flußwassers gelegt. Nachher gießt man das
Was-

Wasser ab, und giebt wieder reines Wasser darauf, aber nicht mehr, als daß der Fisch eben bedeckt ist, und thut auf einen Fisch 12 Loth der allerbesten Pottasche in eine Schaale, läßt solchen eine kleine Zeit in Wasser stehen, daß die Pottasche schmilzt, und das Schlechte sich davon absondert, welches dann auf dem Grunde des Wassers liegen bleibt; das Oberste, als welches das Beste der Lauge ist, gießt man zu dem Stockfisch, und läßt denselben in dieser Lauge 24 Stunden liegen; alsdann den Fisch herausgenommen, und in einen andern Eimer mit reinem Wasser gelegt; dieses alle halbe Stunden abgeschüttet, den Tag über bis an den Abend; dann wird er in ein größeres Gefäß mit Wasser gelegt, worin er die Nacht liegen bleibt, des Morgens noch einmal frisches Wasser darauf. Zwei Stunden vorher, ehe er zur Tafel soll, wird er in Stücke geschnitten, aufgerollt, mit Bast fest gebunden, und von ferne ans Feuer gesetzt, daß er ganz langsam aufquillt; kurz vor dem Anfeuchten läßt man ihn nur einmal aufkochen. Läßt man ihn schnell warm werden, wird er nie mürbe; auch muß er, sobald er mürbe ist, gleich aus dem Wasser genommen werden, sonst wird er wasserhart. Er muß sehr beachtet werden, denn es ist leicht versehen.

Stockfisch zu weichen, auf eine andere Weise.

Vier Tage vorher, ehe er gegessen werden soll,

soll, legt man ihn 24 Stunden in Regenwasser, oder, in Ermangelung dessen, in weiches Flußwasser. Der Fisch muß mit Wasser ganz bedeckt seyn. Dann kocht man auf einen ganzen Fisch eine Lauge von einer Metze gesichteter Büchen-Asche und 4 Loth Pottasche, läßt selbige ganz kalt werden, kläret sie ab, und gießt sodann die kalte Lauge auf den Fisch, der vorher 24 Stunden schon in Wasser gelegen hat. Der Fisch muß mit der Lauge in dem Eimer ganz bedeckt seyn. Mit dieser Lauge läßt man ihn 24 Stunde stehen, dann wieder in einen Eimer mit kaltem Flußwasser gelegt, recht oft frisches Wasser darauf gegeben, daß die Lauge rein herauskömmt; wenn er 48 Stunden wieder ausgewässert ist, so ist er eßbar. — Je öfter frisches Wasser darauf gegeben wird, desto weißer wird der Fisch. Der Zubber oder Eimer, worin der Fisch liegt, muß nicht zu weit und groß seyn, sonst zieht der Fisch zu viel Wasser an sich, aber ganz mit Wasser bedeckt muß er seyn. In kaltem Wasser wird der Fisch ans Feuer gesetzt, daß er allmählich warm wird; zuletzt ein paarmal aufstoßen lassen, und dann gleich angerichtet. Man kann ihn auch gleich in kochendem Wasser einmal aufkochen und dann herausnehmen.

Karpfen blau abgekocht.

Die Karpfen werden gerissen, in Stücke geschnitten, mit kaltem Essig geblauet, dann in Was-

Waſſer und Salz abgekocht, und Meerrettig mit Weineſſig und Zucker dabei gegeben.

Karpfen in Gallert.

Die Karpfen werden rein geſchuppt, beim Bauch ausgenommen und ſauber abgewiſcht, dann ein dünnes Tuch mit Weineſſig benetzet, die Karpfen darein geſchlagen, und alſo in Waſſer und Salz abgekocht und hingeſetzt, daß ſie darin abkühlen; dann etwas ſcharfen Gallert gemacht, und wenn dieſer auch kalt iſt, ſo werden die Karpfen recht in die Schüſſel geſetzt, mit abgeſtochenem Gallert rund herum belegt, und mit Citronen garnirt, ſo iſt es recht. Man kann es auch ſo machen: man laſſe ein Viertelpfund weißes geraſpeltes Hirſchhorn in etwas Waſſer ein paar Stunden kochen; die Karpfen wie vorher präpariret und ein paar Stunden mit Salz eingeſprenget, dann rein abgewiſcht, in ein Geſchirr gethan mit Lorbeerblättern, Nelken, Zimmt und Citronen; dann Weineſſig, Wein und das Klare von dem Hirſchhorn darauf gegoſſen, daß ſie bedeckt ſind, und darin gahr gekocht; alsdann in eine Schüſſel geſetzet, die Suppe durch ein Sieb darüber gegeben, und damit kalt werden laſſen.

Karpfen oder Hechte farciret.

Man nimmt einen oder mehrere Karpfen, nachdem man ſie nöthig hat; ſolche erſtlich abgeſchuppt und abgewaſchen, dann die Haut längs dem Rükken

ken von dem Kopfe bis an den Schwanz an beiden Seiten sauber gelöset, und die Haut vorsichtig rund herum abgemacht, doch so, daß sie ganz bleibet; hierauf das Mittelstück herausgeschnitten, daß der Kopf und Schwanz an der Haut sitzen bleibt; dann schneidet man das schiere Fleisch von den Gräten ab, was man ohne Gräten abkriegen kann [man muß etwas anderes Fischwerk dazu nehmen]; nun eine gute feine Farce davon gemacht und damit die Karpfen gefüllt; sodann ein Stück Butter in einer Tortenpfanne gelbbraun werden lassen, die Karpfen hineingelegt, mit mäßigem Feuer unten und oben gebacken und öfters mit Butter bestrichen. So kann man auch andere Fische, besonders Hechte und große Barse, farciren.

Man giebt dazu eine Cappern- oder Sardellen-Sauce.

Gekochte Karutschen (Karauschen).

Die Karutschen werden geschuppt, ausgenommen; wenn sie groß sind, kann man sie in der Mitte einmal durchschneiden, sonst nur ganz lassen, und ein paarmal einkerben, in Wasser und Salz abkochen, sodann kann man sie geben mit aufgezogener Butter und fein gehackter Petersilie, auch ein wenig Muscatenblumen darein, oder auch mit einer Rohmsauce.

Gebackene Karutschen.

Die Karutschen werden geschuppt, ausgenommen, rein abgewischet und auf beiden Seiten fein eingekerbet, mit Salz eingesprengt und ein wenig damit stehen lassen; hernach abgetrocknet, in Mehl umgekehret und in heißer gelbbrauner Butter abgebacken. Wenn man sie anrichtet, giebt man die braune Butter darüber, und, wenn man will, setzt man halbe durchgeschnittene Citronen dabei.

Gekochte Barse.

Die Barse werden geschuppt, ausgenommen, und auf beiden Seiten einigemahl eingekerbet, dann abgewaschen, mit Wasser und Salz abgekocht, sodann mit Citron= oder Rohmsauce mit Schnittlauch zur Tafel gegeben.

Blau abgekochte Forellen.

Wenn man lebendige Forellen hat, so werden selbige beim Bauch ausgenommen, mit Weinessig geblauet, und so lebendig in kochendes Wasser und Salz hineingeworfen. Man kann einige Zwiebeln, Lorbeerblätter, Petersilie und ganzen Pfeffer vorher mit in das kochende Wasser thun, und so die Forellen gahr kochen, so werden sie blau und gut; dann hinsetzen, daß sie in der Suppe kalt werden, mit Petersilie anrichten, und Weinessig dabei geben.

Mar=

Marginirte (marinirte) Forellen, oder Forellen in Gallert.

Man kann die Forellen, wie vorher, recht blau abkochen, und dann besonders ein wenig scharfen Gallert machen, so viel, als ungefähr nöthig ist, und wenn man die Forellen anrichtet, mit dem Gallert garniren; oder man kocht etwas geraspeltes Hirschhorn einige Stunden mit etwas Wasser, kläret solches ab, und wenn man die Forellen ausgenommen hat, thut man sie in ein Geschirr mit ein wenig Salz, ganzen Nelken, Muscatenblumen, Lorbeerblättern und Citronen, und giebt dann Weinessig, Wein und das abgeklärte Hirschhorn-Wasser darauf, daß sie bedeckt sind, und damit gahr gekocht, dann aufgelegt und die Suppe durch ein Sieb darauf, so wird es ein Gallert. Was man von der Suppe übrig hat, gießt man allein; damit kann man hernach garniren.

Auf einem Rost gebratene marginirte Forellen.

Wenn man Forellen hat, die nicht mehr lebendig sind, so werden sie auch im Abkochen nicht blau, daher kann man sie nur ausnehmen, ein wenig mit Salz besprengen, hernach abtrocknen, in Butter umkehren, und auf einer Roste gahr braten; dann angerichtet, und wenn sie kalt sind, mit etwas besonders dazu gemachtem Gallert belegt und garniret. Auch kann man sie so machen: wenn

wenn man sie auf einem Rost gebraten hat, so legt man sie auf eine Schüssel, und thut gröblich gestoßene Nelken und Muscatenblumen darüber, auch Lorbeerblätter und Citronen; dann Wein und Weinessig darüber gesprenget, und damit stehen lassen. Wenn man sie anrichtet, giebt man dieselbe Brühe darüber.

Frischen Lachs zu kochen.

Einen frischen Lachs muß man beim Rücken in die Länge mitten durchreissen, und aus der einen Hälfte den Rückgrad schneiden, das Eingeweide herausnehmen, und dann vollends von einander schneiden; alsdann eine jede Hälfte nur einmal mitten durch, wohl abgewaschen, und ein paar Stunden in kaltem Wasser liegen lassen, und hernach mit kaltem Wasser, Salz, Wein und Weinessig zum Feuer setzen, und wenn er abgeschäumt ist, einige Zwiebeln, ganzen Pfeffer, Lorbeerblätter und ein Bund Kräuter daran gegeben, und damit gahr gekocht, und nun in der Suppe kalt werden lassen. Er wird mit Petersilie angerichtet. Was übrig bleibt, kann man in der Suppe aufheben; soll er aber warm zur Tafel, so wird er auf einer Serviette angerichtet und Weinessig dabei gegeben.

Frische Sandarten zu kochen.

Die Sandarten werden geschuppt, mit den Kinnladen wird das Eingeweide herausgerissen, und

und dann rund ab, in Stücke geschnitten, wohl
abgewaschen und in Wasser und Salz abgekocht;
hernach eine Soſe dazu gemacht, oder mit Butter
und Peterſilie, auch mit Senf und Butter gegeben.

Friſchen Stöhr zu kochen.

Wenn der Stöhr groß iſt, ſo muß man ihn
in fingersdicke Scheiben ſchneiden; ſind es aber
kleine, ſo kann man ſie in runde Stücke ſchneiden,
dann einigemahl in friſchem Waſſer auswäſſern laſſen, und hernach mit Salz und Waſſer
ganz langſam kochen. Der Stöhr iſt ein harter
Fiſch, und muß daher eine gute Zeit länger kochen, als andere Fiſche. Es wird eine Weinſauce
dazu gegeben.

Friſchen Stöhr zu kochen, den man kalt giebt.

Man muß den Stöhr in großen Stücken laſſen, und ehe man ihn kocht, wohl auswäſſern.
Wenn man ihn zum Feuer bringt, muß man die
Stücke mit Baſt oder Bindfaden wohl bewinden,
und dann mit kaltem Waſſer und nicht zu ſcharf
geſalzen zum Feuer bringen, und ganz langſam
kochen laſſen. Wenn er kocht und abgeſchäumt
iſt, ſo thut man ganze Zwiebeln, Lorbeerblätter,
ganzen Pfeffer, Salbey und Peterſilie dazu, und
läßt es dann eine gute Zeit langſam kochen, bis
er gahr iſt (er muß aber nicht zu mürbe gekocht
werden,

werden, weil man ihn in einer Lake aufheben muß]; dann setzt man ihn ab, und läßt ihn in der Suppe kalt werden; das Fett aber muß man abnehmen. Wenn es gebraucht werden soll, setzt man das ganze Stück zur Tafel, und Weinessig mit Provencer-Oehl, Pfeffer und gehackte Petersilie dabei. Was übrig bleibt, verwahrt man wieder in der Suppe; will man es aber lange aufheben, so schlägt man eine Lake mit Wasser, ein wenig Essig und Salz, und legt ihn hinein.

Frischen Dorsch mit Muscheln oder Austern gestobt.

Den Dörschen muß man das Eingeweide mit den Kinnladen herausreissen, dann in runde Stücke schneiden und es eben so machen, wie mit den Barsen; einigemahl eingekerbet, mit Salz ein wenig eingesprenget, hernach abgetrocknet und in eine Casserole gelegt, mit einem guten Stück ausgewaschener Butter; fein geriebene Semmel, Muscatenblüthe, rohe ausgemachten und dann kleingehackte Muscheln, Wein und ein wenig Wasser, alles daran, und zugedeckt gekocht, dann auch etliche Muscheln abgekocht, den Bart abgemacht und zuletzt mit dabei gethan, sodann noch ein wenig durchgekocht, und das gehörige Salz daran gethan.

Frische Dörsche ordinair gekocht.

Die Dörsche werden ausgenommen, in Stücke ge-

geschnitten, rein abgewaschen, eine Stunde in kaltes Wasser gelegt, und dann mit Wasser und Salz abgekocht; hernach eine Weinsauce darüber gemacht, oder auch eine andere säuerliche Fischsauce. Oder mit geschmolzener Butter und gehackter Petersilie; oder Senf und Butter zurecht gemacht, in einem Kümpchen in die Mitte der Schüssel gesetzt, die Fische daher um angerichtet, und mit gehackter Petersilie bestreuet.

Frische Makreelen zu kochen.

Die Makreelen werden nur ausgenommen, rein abgewaschen, und so man will, ein oder zweimal durchgeschnitten, dann abgekocht und mit geschmolzener Butter und gehackter Petersilie gegeben, oder mit Senf und Butter, auch mit aufgezogener Butter.

Gekochte See-Zungen.

Die Seezungen muß man auf beiden Seiten ganz rein abschuppen, oder auch auf beiden Seiten die Haut abziehen, dann ausnehmen, ein paarmal in die Quer durchschneiden, rein abwaschen, in kaltem Wasser eine Stunde liegen lassen und sodann in Salz und Wasser abkochen. Man kann sie geben, mit welcher Sauce man will: mit einer Sauerampfer-Sauce, mit einer gelben Sauce; zur Sommerszeit grüne Erbsen.

Ge-

Gebackene Seezungen.

Hiezu muß man von den Zungen auf beiden Seiten die Haut sauber abziehen, sie ausnehmen, und die Floßfedern rundherum abschneiden, waschen und mit Salz einsprengen, dann abtrocknen und in Eygelb umkehren, mit Zwieback bestreuen und mit Butter in einer Pfanne gelbbraun braten. Man giebt in Viertel geschnittene Citronen dabei.

Marginirte Seezungen.

Die marginirten Seezungen müssen nach vorhergehender Regel eingerichtet, und so gebacken werden. Wenn sie kalt sind, legt man sie in eine irdene Schüssel, giebt Lorbeerblätter, gröblich gestoßene Nelken, Pfeffer, Muscatenblumen und Weinessig darüber, ein paarmahl darin umgekehrt, und dann eine Nacht mit stehen lassen, und alsdann mit Petersilie und Citronen angerichtet.

Frische Schollen, große Steinbutte zu kochen.

Die Schollen oder Bütte muß man erst ausnehmen, und an beiden Seiten die Floßfedern abschneiden, auch die schwarze Haut abziehen; kann man aber nicht damit fortkommen, so muß man sie abmachen, wenn sie gahr sind, und man sie anrichtet. Sind die Schollen groß, so kann man sie vorher in Stücke schneiden, dann in Wasser und Salz abkochen, und eine Sauerampfer-Sauce darüber machen; oder mit einer gelben säuerlichen Sauce, auch mit einer Zwiebelsauce: nemlich eine gute

Portion

Portion klein gehackte Zwiebeln mit einem Stück Butter und ein wenig Mehl durchgeknetet, mit Essig und Wasser abgerührt und solches darüber gegeben; oder mit grünen Erbsen, aber ein wenig dünner, und solche darüber gegeben.

Frische Schollen und Bütte zu backen.

Den Schollen und Bütten muß man auf beiden Seiten die Haut abziehen, und selbige mit Salz einsprengen; hernach abtrocknen, in Mehl umkehren, und in heißer brauner Butter abbakken. Die Schollen sind sehr weich und wässerig, daher müssen sie sehr heiß abgebacken werden, sonst setzen sie sich an die Pfanne. Wenn sie gahr sind, werden sie mit der braunen Butter und Citronensaft darüber angerichtet, und mit Petersilie garnirt.

Neunaugen einzumachen.

Sobald man die Neunaugen bekommt und sie recht lebendig sind, so muß man Salz darauf streuen, daß sie sich darin todt laufen und reinigen; dann ein wenig darin stehen lassen, hernach abtrocknen, und auf einem Rost gahr braten. Wenn sie denn kalt sind, so werden sie in einen Topf oder in ein weites Glas wohl eingepackt, und einigemahl ganzen Pfeffer, Nelken, Muscatenblumen und Lorbeerblätter dazwischen gelegt oder gestreuet, dann so viel Weinessig darauf gegeben, daß sie bedeckt sind; hernach einen Deckel, der

darein

darein passet, darauf gelegt, und ein kleines Gewicht darauf gesetzt, welches sie ein wenig niederdrückt, und solches bei 24 Stunden darauf stehen lassen, sodann das Gewicht abgenommen, das Gefäß zugemacht und verwahrt.

Frische Muscheln abzukochen.

Die Muscheln muß man zuvor wohl rein machen und beim Waschen das Unreine recht abstoßen, bis sie ganz rein sind; dann setzet man Wasser aufs Feuer, nach Verhältniß der Muscheln, und wenn solches anfängt zu kochen, ein wenig Salz hinein, und dann auch die Muscheln; solche hernach nur ein wenig kochen lassen, bis sie aufgesprungen sind, so sind sie recht. Nun wird eine weiße saure Sauce gemacht, ein wenig gestoßenen Pfeffer darein gethan und solche besonders beigesetzt.

Einige kochen die Muscheln so: wenn sie rein gemacht sind, in einen Kessel gegeben, ein wenig Salz darüber, dann zugedeckt, aufs Feuer gesetzt, oft umgeschüttelt, und so in ihrer eignen Brühe gahr gemacht; sie werden aber so nicht alle gut, einige bleiben roh, und einige werden gar zu hart.

Gestobte Muscheln.

Man kann dazu frische oder eingemachte Muscheln gebrauchen; nemlich, man muß den Bart davon abmachen, und sie dann auf eine Schüssel oder in ein anderes dazu passendes Geschirr thun, mit einem Stück Butter, etwas Wein und Wasser, fein geriebenem Semmel, Citronen und Muscatenblumen, und damit durchstoben, so sind sie fertig.

Große Aale zu kochen.

Die Aale muß man erstlich beim Bauche ausnehmen, dann kann man oben beim Kopfe [an der inwendigen Seite] das Messer ansetzen, und nur mit der Hand einen kleinen Schlag darauf thun, daß das Messer nur durch den Aal und nicht durch die Haut gehet, und so die Haut rückwärts über- und abgezogen; will man aber die Haut darauf behalten, welches bei gekochten Aalen wohl geschieht, so muß man sie mit Sand oder Salz, ehe man sie ausnimmt, rein abscheuren, dann ausnehmen, in Stücke schneiden, und wie einen Lachs abkochen, sodann kalt oder warm mit Weinessig zur Tafel geben; auch kann man sie mit einer Sauce geben, wie man will.

Roulade von Aal.

Dazu muß man große Aale nehmen, und die Haut nicht abziehen, sondern rein abscheuren; dann beim Rücken aufreissen, daß der Bauch zusammen sitzen bleibet, und den Rückgrad auch herausgerissen, sauber abgewaschen und abgetrocknet; hernach so weit, als der Aal die rechte Breite hat, den Schwanz abgeschnitten. Ist nun das Mittelstück noch zu lang, daß es im Aufrollen zu dick

dick werden mögte, so schneidet man es noch einmal mitten durch, und trocknet es ab; alsdann schneidet man das Aalfleisch von den Schwänzen rein ab, alles, was man ohne Gräten herabkriegen kann; das übrige einmal aufgekocht, auch von den Gräten abgemacht, und von solchem dann eine feine Farce gemacht. Diese Farce wird auf die inwendige Seite der Aalstücke sauber aufgestrichen [ein wenig klein gehackte Petersilie und ein paar hartgekochte Eyer, auch klein gehackt, kann man darüber streuen]; dann rund aufgewickelt, und mit einem Bindfaden rundum und über's Kreuz ganz fest bewunden, in Salz und Wasser mit ein paar ganzen Zwiebeln, Lorbeerblättern, etwas Wein und Weinessig abgekocht, und dann mit der Suppe hingesetzt, daß sie kalt wird. Man kann die Stücken so ganz anrichten, auch kann man sie in Scheiben schneiden, und Essig dabei geben.

Fricassee von Aal.

Dazu kann man kleinere Aale gebrauchen, und denselben entweder die Haut abziehen oder sie rein abscheuren, sodann ausnehmen, in kleine Stücke schneiden; hernach ein wenig gelbbraune Butter machen mit klein gehackten Zwiebeln und ein wenig Gewürz; die Aale dazu thun, und zusammen durchschwitzen lassen; alsdann ein wenig Nasses daran, damit durchgekocht und zuletzt mit

mit Eydottern, Weineſſig, Salz und gehackter Peterſilie abtegirt, und ſämig gemacht.

Gebackene Aale, mit Salbey geſpickt.

Dazu ſind die mittelmäßigen Aale am beſten; denen muß man die Haut abziehen, ſie ausnehmen und in Stücke, wie ein Finger lang, ſchneiden, und an beiden Seiten fein einkerben, mit Salz einſprengen, hernach abtrocknen, mit Salbey- blättern und Peterſilie durchziehen, in Mehl um- kehren und dann in heißer gelbbrauner Butter abbacken, ſo ſind ſie recht.

Friſche Braſſen zu kochen.

Wenn die Braſſen groß ſind, ſo werden ſie geriſſen, in Stücke geſchnitten, wie beim Kar- pfen, und ſo ſie lebendig ſind, auch eben ſo an- geblauet, abgekocht, und mit Meerrettig und Weineſſig gegeben; ſind es aber kleine Braſſen, ſo muß man ſie abſchuppen, in Stücke ſchneiden, ſie abkochen, und mit einer Sauce geben, wie man will.

Friſche Braſſen auf einem Roſte gebraten.

Man muß die Braſſen abſchuppen, ausneh- men und an beiden Seiten fein einkerben, rein abtrocknen und mit Salz einſprengen, dann in geſchmolzener Butter umkehren, und auf einem Roſte gahr braten, auch zuweilen mit Butter be- ſtreichen. Wenn ſie gahr ſind, werden ſie mit
brauner

braune Butter und Cappern gegeben, oder mit einer Cappern- oder Anschwis-Sauce.

Schmerlinge zu kochen.

Wenn man die Schmerlinge lebendig haben kann, so sind sie am besten, und so thut man sie gleich in ein Geschirr, gießt ein wenig Wein darauf, daß sie sich darin todt laufen und blau werden; dann gleich einen Kessel mit Wasser und Salz zum Feuer gesetzt, und wenn solches kocht, die Schmerlinge mit dem Wein hineingegeben und abgekocht; hernach eine Weinsauce gemacht, solche in einem Kümpchen mitten in die Schüssel gesetzt, die kleinen Fische herum angerichtet und mit Petersilie garniret.

Trockne Schnäpel, Hechte und dergleichen mit Rüben.

Trockene Schnäpel, Hechte und dergleichen trockene Fische muß man vorher in Stücke schneiden, eine Nacht in lauwarmem Wasser einweichen und dann ganz langsam gahr kochen. Die Rüben werden rein gemacht und abgewaschen, dann läßt man sie auf einem Durchschlag ablaufen; hernach in einer Casserole etwas braune Butter gemacht, die Rüben hinein gethan, eine gute Zeit schwitzen lassen, und zuweilen umgeschüttelt; zuletzt ein wenig braune Bouillon daran gegeben und damit gahr gekocht, daß eine kurze sämige Sauce darauf bleibt;

bleibt; etwas Muscatennuß daran gerieben und über die Fische angerichtet.

Gefüllte Krebse mit Krebs-Farce.

Die Krebse werden wie gewöhnlich abgekocht, dann die Schwänze ausgemacht [die Köpfe muß man auch inwendig rein machen, und die Galle herausnehmen]; hernach muß man auch aus den Scheeren das Fleisch herausmachen und solches mit der Hälfte der Krebsschwänze ein wenig gröblich durchhacken. Von den Beinen und der übrigen Schaale macht man eine gute Portion Krebsbutter, und wenn solche kalt ist, zu Schmalz gerührt, dann einige Eydotter und etwas geweichten Semmel, Salz, geriebene Muscatenblüthe und ganz fein gehackte Citronschaale darein gegeben; alles dieses durchgerührt, und zuletzt die gehackten Krebse auch hinein gegeben, dann die Krebsköpfe damit gefüllt und in einer Tortenpfanne gebacken; hernach macht man eine gute Rahmsauce, und giebt die übrigen Krebsschwänze nebst ein wenig geweichte Morcheln, Artischockenstühle dazu, und läßt es auf gelindem Feuer einmal aufkochen; dann in eine Schüssel gegeben, und die farcirten Krebse herum garniret.

Schnecken zu kochen.

Die Schnecken muß man in Wasser ein paarmal aufkochen lassen; dann kann man sie mit einem spitzen Messer aus den Häusern herausziehen,

hen, sie sauber abputzen, mit einem Stück Butter und kochendem Wasser zum Feuer setzen, und gahr kochen lassen. Die Schaalen muß man mit Salz und warmen Wasser rein abscheuren, recht gut ausspühlen, daß sie austrocknen; dann nimmt man ein Stück ausgewaschene Butter, etwas fein geriebenen Semmel, Muscatenblumen, ein wenig Pfeffer und ganz fein gehackte Petersilie, solches wie einen Teig geknetet, dann ein wenig von dem Teig in die Schaale gethan; hernach eine Schnecke und dann wieder ein wenig Teig oben darauf; nun in eine Casserole gethan, ein paar Löffel voll Bouillon darunter gegeben, zugedeckt und auf gelindem Feuer ein wenig durchgeschwitzet, und zuweilen umgeschüttelt, so sind sie fertig.

Farcirte Austern.

Man muß etwas ohne Salz gekochte Fische von den Gräten machen, solches mit einigen rohen Austern klein hacken, dann ein gutes Stück Butter abreiben, und etwas geweichtes Weißbrod, einige Eyerdotter, Salz und geriebene Muscaten-Nuß, alles mit den gehackten Fischen durcheinander gerührt; dann nimmt man reingewaschene tiefe Austerschaalen und legt von dem Farce etwas unten ein, dann 3 bis 4 Austern darauf; die Austern müssen aber vorher in ihrer eigenen Sauce ein wenig gekresset werden; dann wieder von der Farce darüber, daß die Schaalen ganz hoch gefüllt werden; hierauf mit einem warmen Messer glatt gemacht,

macht, bunt übergelebet, und in einer Tortenpfanne unten und oben mit Feuer gahr gebacken.
Es kann so, oder auch mit einer Austersauce gegeben werden.

Klippfisch zu kochen.

Den Klippfisch muß man in Stücke schneiden, und am Mittage, wenn man ihn des andern Tages gebrauchen will, in Wasser legen, am
Abend und am andern Morgen frisches Wasser geben, dann einige Stunden vor der Mahlzeit mit
kaltem Wasser zum Feuer setzen, und ganz langsam kochen lassen, daß man nur eben sehen kann,
daß es sich beweget. Man kann darüber geben,
was man will; nemlich: eine aufgezogene Buttersauce mit fein gehackten Schalotten, oder mit
Rüben, auch mit Senf und Butter.

Stockfisch zu kochen.

Recht guten Stockfisch, der sauber und gehörig geweicht ist, rein geschuppt und oben die Kinnladenknochen und an beiden Seiten die Floßfedern,
auch den Rückgrad, alles heraus- und abgeschnitten, dann sauber abgewaschen, rund aufgewickelt,
und mit einem Bindfaden übers Kreuz bewunden;
sodann mit kaltem Wasser zum Feuer gesetzt, daß
er allmählig heiß wird. Er muß nicht stark kochen, sondern daß man eben nur sehen kann, daß
es sich beweget. Eine halbe Stunde muß man
ihn so beim Feuer stehen lassen, dann auf einen

hölzer-

hölzernen Durchschlag gelegt, etwas Salz darüber gestreuet, und zugedeckt, daß es rein abtrieffet; hernach thut man den Fisch in eine Schüssel, schneidet den Bindfaden ab, macht den Fisch ein wenig von einander, und nimmt die Gräten, so man finden kann, heraus; dann kann man eine Buttersauce oder auch eine Rohmsauce dazu geben. Man kann die Saucen über die Fische oder in ein Rümpchen geben und mitten in die Schüssel setzen, den Stockfisch aber muß man mit Salz und gestoßenem Ingwer überstreuen.

Bouding von Stockfisch.

Guten geweichten Stockfisch rein geschuppt, die Kinnladen und Flossedern abgeschnitten, den Stockfisch in Stücke zerschnitten, abgewaschen und wie gewöhnlich abgekocht; dann aufgelegt, daß er rein abtriefet, und rein von den Gräten abgesuchet; dann so muß man, nachdem der Bouding groß seyn soll, ein gut Stück Butter abreiben, daß sie recht wie ein dicker Rohm wird, dann in Milch geweichten Semmel nach Gutdünken, einige Eyer oder Eyerdotter, Salz, fein gehackte Petersilie, und auch ein wenig Schalotten, geriebene Muscatennuß oder gestoßene Nelken: alles recht durch einander gerührt; zuletzt auch den Stockfisch dazu gegeben, und mit einigen Löffeln voll süßen Rohm nochmals durch einander gerührt. Die Eyer muß man mit einer Ruthe ganz klein schla=

schlagen, und so dazu rühren; dann muß man eine blecherne Boudings-Form mit Butter bestreichen, mit fein geriebenem Semmel oder gestoßenem Zwieback etwas dick bestreuen, das Angerührte hineingeben, in eine Tortenpfanne setzen, und unten und oben mit Feuer gahr backen, dann eine Rohmsauce dazu machen.

Bouding von Hechten, auch von andern Fischen.

Die Hechte oder sonst andere Fische, welche ein wenig härtlich sind, werden rein gemacht, in Stücke geschnitten, ohne Salz ein wenig abgekocht, und von den Gräten abgesucht; dann fertigt man ein gutes Stück abgeriebene Butter, thut dazu in Milch geweichten Semmel, einige klein geschlagene Eyer, Salz, geriebene Muscatenblüthe, alles durcheinander gerührt; zuletzt auch den abgemachten Fisch dazu gegeben, und mit ein wenig süßen Rohm die gehörige Dünne gegeben. Man kann auch Rosinen, fein geschnittene Mandeln und Pistazien darunter geben, und ihn so abbacken wie den Stockfisch-Bouding; auch dieselben Saucen passen dazu.

Krebs-Bouding.

1 Schock Krebse;
½ Pfund rothe Krebsbutter;

½ bis

8 bis 10 Eyer —, das Weiße zu Schnee, von 8 Eyern mit rother Krebs-Butter ein Rührey gemacht und hernach fein gehackt;

für 2 Groschen Semmel, die Krumen davon in Milch geweicht;

etwas feinen Zucker (etwa eine Hand voll);

etwas Muscatennuß fein gerieben;

etwas Salz.

Ein Schock Krebse wird mit ein wenig Salz abgekocht, hernach die Schwänze und alles Fleisch ausgebrochen, die Schaalen besonders gesäubert, die Galle herausgemacht, und den Darm aus dem Schwanze; dann die Schaalen in einem großen Mörser recht klein gestoßen mit ohngefähr ¾ Pfund Butter; die gestoßenen Schaalen in einem Geschirr auf Kohlen schwitzen lassen, bis die Butter ganz roth geworden; alsdann durch ein Sieb gerieben, die zurückgebliebenen Schaalen zu der Coulige aufgehoben. Die durchgeriebene Krebsbutter habe ich in einem Geschirr mittelst eines hölzernen Löffels beinahe kalt gerühret; von 8 bis 10 Eyern das Gelbe nach und nach darein geschlagen, und immer gerühret; von 8 bis 10 Eyern Rührey gemacht, wozu auch von der rothen Krebsbutter genommen wird; dieses Rührey fein gehackt, dann zu der Masse von Krebsbutter und Eygelbem gethan, auch für 2 Groschen Semmel, welche zuvor in Milch geweicht, selbige ausgedrückt und auch dazugegeben; das Krebsfleisch, was ich vorher klein gehackt, auch dazu, und zuletzt von dem

Eyweiß

Eyweiß Schnee geschlagen und darunter gerührt; eine runde Form mit Butter ausgestrichen, mit reinem Papier ganz ausgelegt, und es ebenfalls mit Butter bestrichen, die ganze Masse hinein gethan, vorher aber etwas Zucker, etwas Salz und Muscatenblüthe dazu gegeben, daß es einen guten Geschmack bekömmt, und so eine Stunde backen lassen.

Die Sauce dazu machte ich so: ich nahm die zurückgebliebenen Schaalen, ließ selbige auf Kohlen nochmals mit etwas Butter und einigen Scheiben Zwiebeln durchschwitzen, that hernach einen Löffel voll Mehl dazu, rührte es durcheinander, füllte es dann mit süßer Milch auf, und machte eine rundliche Sauce daran; trieb sie durch ein Haarsieb, und versüßte sie etwas mit Zucker; legte den Bomding aus der Form in eine Schüssel, und gab es so zur Tafel.

Sechste

Sechste Abtheilung.
Von Farcen und Pasteten.

Eine Speck- und Leber-Farce zu allen Pasteten von Flügelwerk.

Wenn man eine Pastete von Flügelwerk machen will, es sey wild oder zahm, so muß man die Leber und den Magen rein abmachen, das Harte von dem Magen etwas abschneiden und rein abwaschen; dann kann man es so roh hacken, oder man thut es in ein Geschirr mit ein wenig Wasser, etwas in Würfeln geschnittenem Speck, ein paar ganzen Zwiebeln, und läßt solches einmal aufkochen; dann in einen Durchschlag gethan, daß es abtriefet, und dann klein gehackt mit den Zwiebeln, auch Salz, geschnittene Citronenschaalen, für 2 Gr. geriebenen Semmel, einigen Eyern, und ein paar Löffel von süßen Flott; dieses alles zusammen gehackt, so ist es recht.

Farce von Schinken, so in allen Pasteten gut, insonderheit in Wildpasteten.

Man nehme nach Gutdünken ein Stück von geräuchertem Schinken, mit etwas Speck daran, solches in Würfel geschnitten, und eine Stunde etwas auswässern lassen, dann mit frischem Wasser und ein paar ganzen Zwiebeln zum Feuer gesetzt und einmal aufgekocht; hernach solches mit den Zwiebeln kleingehackt, auch ein wenig Thymian, Basilicum, Petersilie [alles klein gehackt], Citronschaalen, geriebenes und geweichtes Weißbrod, einige Eyer, ein wenig abgeriebene Butter, und so es von dem Schinken nicht salzig genug ist, noch ein wenig Salz daran, und dann zusammen so fein wie einen Teig gehackt, so ist sie recht.

Wie alle Sachen, wovon man eine Pastete machen will, vorher präpariret und eingerichtet werden müssen.

1) Alles zahme Flügelwerk, als Tauben, Hühner, Kapaunen, Kalekuten, Enten, muß so früh abgeschlachtet werden, daß es recht durchkühlen kann, sonst bleibt es zähe und wird nicht mürbe; dann gehörig gesäubert, ein wenig steif gemacht, und mit gröblich geschnittenem Speck durchgezogen.

2) Rebhühner, Berghühner, wilde Enten, wilde Tauben, wenn solche gehörig rein gemacht sind,

sind, werden sie zierlich eingebogen, ein wenig steif gemacht und mit gröblichem Speck durchgezogen.

3) Von Hasen muß man alle blaue Haut und Sehnen ganz dünne und behutsam abziehen oder abschneiden, dann in mäßig große Stücke hauen, diese mit Speck durchziehen, und gleichfalls auf einem Roste ein wenig steif werden lassen.

4) Wild kann man in große Stücke oder dicke Scheiben schneiden, oder so es eine Keule, die nicht zu groß ist, kann man sie auch ganz lassen, die Haut sauber abschneiden, mit Speck durchziehen, und dann auch steif werden lassen.

5) Ein kalekutscher Hahn, besonders wenn er alt ist, muß vorher geklopft werden, daß die Brust ganz platt am Rücken lieget, sonst liegt er zu hoch in der Pastete; dann mit Speck durchgezogen, und entweder in kochendem Wasser oder auf einem Roste steif gemacht.

6) Schnepfen, Krammtsvögel und Lerchen werden zwar zum Braten nicht ausgenommen, aber wenn selbige in eine Pastete oder sonst zu einem Ragout gebraucht werden sollen, so müssen sie ausgenommen werden; die Gall von der Leber, und die Mägen rein gemacht, solches mit den Gebäuen klein ge-

gehackt und mit in die Paſtete gegeben, nemlich unten und oben überher eingeſtrichen; es giebt einen guten Geſchmack.

7) Kalbfleiſch, Lammfleiſch wird in mittelmäßige Stücke gehauen, einigemahl mit Waſſer rein ausgewäſſert, und dann in heißem Waſſer beſtarret.

Wie alle Sachen zu einer Paſtete vorher müſſen immarginiret oder einpaſſiret werden.

Wenn man nun von einem oder anderem von obigen Sachen eine Paſtete machen will, und ſelbige ſo präpariret iſt, ſo thut man etwas Weineſſig, Salz, geſtoßene Nelken und Muscatenblumen, Zwiebeln, Peterſilie, ein wenig Thymian, Baſilicum, alles klein gehackt, Lorbeerblätter und Citronen, alles zu dem Weineſſig gethan und durcheinander geſchlagen, dann die Sachen [eine nach der andern] darin umgekehret und in eine tiefe Schüſſel geleget; das Naſſe, ſo übrig iſt, überher gegoſſen, dann zugedeckt und eine Weile damit ſtehen laſſen. Zweitens kann man auch die Sachen nebſt einem Stück Butter in eine Caſſerole legen, Salz, Zwiebeln, Peterſilie, Thymian, Baſilicum, Nelken, Muscatenblumen, alles klein gemacht und daran gegeben, auch Lorbeerblätter und Citronen; dann zugedeckt, auf
gelin=

gelindem Feuer durchgeschwitzet und zuweilen umgekehret, daß es allenthalben nur ein wenig durchschmort; hernach hingesetzet, daß es abkühlet; dies heißt: einpassiren, oder etwas zu einer Pastete abschwitzen.

Blätterteig zu Pasteten.

1 Pf. Spelz-Mehl;
1 Pf. Butter, von Salz rein ausgewaschen;
9 Eßlöffel voll Wasser;
3 Eßlöffel voll Franzbranntewein [wird wohl zusammen ¼ Maas ausmachen].

Blätterteig auf eine andre Weise.

Auf 1 Pf. fein Spelzmehl 10 Löffel voll Wasser, (oder 8 Löffel voll Wasser und 2 Löffel Franzbranntewein,) auch 4 Eydotter, einer Walnuß groß von der abgewogenen Butter mit eingeknetet [ein Pfund Butter wird auf 1 Pf. Mehl gerechnet]. Wenn der Teig so weit fertig ist, dann wird die Butter, welche ausgewässert und sehr trocken ausgeklopft werden muß, in den Teig gerollt, so oft um und zusammen geschlagen, bis der Teig ganz egal ist, und nicht mehr scheckigt scheint. Viermahl muß es wenigstens geschehen; wenn er dann auseinander gerollt ist und daraus gemacht, was man haben will, so wird es mit
kaltem

kaltem Waſſer beſtrichen; er muß geſchwind abgebacken werden.

Paſtete von Tauben.

Nimm 8 bis 10 Tauben, mache ſie rein, ſchneide ſie längs dem Rücken auf, waſche ſie in kaltem Waſſer rein aus, und lege ſie in eine Schüſſel; dann nimmt man ein gutes Stück Butter, geſtoßene Nelken, Pfeffer, Muscatenblumen, ein wenig Mehl, zuſammen durchgeknetet; von dieſer Maſſe wird in jede Taube ſo viel, als eine Wallnuß groß, eingeſchmieret [die Tauben müſſen aber vorher wohl abgetrocknet worden ſeyn]; die Tauben wieder zuſammen gebeuget, in eine Schüſſel gelegt, zugedeckt und bis den folgenden Tag ſtehen laſſen; dann macht man eine Farce von gehacktem Kalbfleiſch, von 4 Eydottern, etwas brauner Jus, Nelken-Pfeffer, Muscatennuß, gehackten Schalotten, Salz und geriebenen Semmel. Sodann verfertiget man einen Butterteig, legt davon auf Papier in die Tortenpfanne, die Farce auf den Boden des Teiges eines Fingers dicke geſtrichen, legt die Tauben darauf, ſtreuet darüber Trüffeln, Morcheln, Champignon und klein gebratene Klümpe von der Farce; deckt 2 Deckel von Butterteig wieder darüber, läßt ſie 1½ Stunde langſam backen, ſo iſt ſie recht.

Zur

Zur Sauce nimmt man braune Jus mit Morcheln, Champignon, Trüffeln, Pistatien, Schweser und Klümpe von der Farce.

Pastete von Küken (jungen Hünern).

3 Küken,
1 Kalbs-Schweser oder Pries,
¼ Pf. Kalbs-Saucissen,
6 Artischockenstühle,
2 Loth Pistatien,
2 Loth Morcheln,
1 Pf. Castanien,
Scheiben Sellery, gestoßene Muscatenblumen,
1 Citrone in Scheiben geschnitten,
Salz,
einen Boden von Kalbfleischfarce.

Die Küken werden ausgenommen und gesenget, nachher in Stücke, wie zum Fricassee, geschnitten, in Wasser gelegt, daß das Blutige herausziehet; dann auf einem Durchschlag das Wasser ausgedrückt; den Kälberpries übergekocht, in Stücke geschnitten, mit Zwieback umgekehrt, und in Butter gelblich gebacken. Die Artischockenstühle werden in vier Theile geschnitten, oder halb durch, Pistatien wie Morcheln abgezogen und in 3 Striemeln geschnitten; Morcheln auch aufgewellet; Sellery meist mürbe gekocht und in Scheiben geschnitschnitten. Die Schüssel wird dick mit Butter bestrichen, die schlechtesten Stücke der Küken unten hin gelegt, von Obenbenanntem alles wechselsweise gelegt, Muscatenblüthe, Salz dazwischen gestreuet, und zuletzt der Boden von Kalbsfarce aufgelegt. Ueber die Farce wird doppelter Butterteig gelegt; der Rand wird umher zugebogen, die Schüssel in eine Tortenpfanne gesetzt, und dann der Deckel aufgelegt. Sie muß eine Stunde backen.

Schüssel-Pastete von Tauben.

Nachdem die Tauben rein und ausgewaschen, werden sie entweder halb durchgeschnitten oder ganz gelassen. Bleiben sie ganz, so werden sie oben am Halse farcirt; die Haut vom Halse an der Brust behende gelöset, und dann mit Farce [die von gehacktem Kalbfleisch, fein gehacktem rohen Schinken, Schalotten, Semmel, Eyern, Gewürz, Flott (Rohm) und Butter gemacht ist] unter der Brusthaut gefüllt; dann eine zinnerne Schüssel mit Butter beschmieret, die Farce eines kleinen Fingers dicke aufgelegt, daß der Boden der Schüssel bedeckt ist, sodann dünne Scheiben magern Schinkens überher, die Tauben darauf, mit aufgewellten Morcheln, Trüffeln, Champignons, Stücken gebratenem Kälberpries, Artischockenstühlen, Hahnenkämmen und Rindergaumen dann gekocht, und in Striemeln geschnittene
Sau-

Saucissen, oder, statt aller dieser braunen Sachen, Krebse und Pistatien dazu. Die Ingredienzen sind nach Belieben. Hat man Farce übrig, macht man länglichte Klümpe davon, die ein wenig gelblich gebraten, und überher auf die Tauben gelegt, hin und wieder ein Stückchen Butter, etwas Salz übergestreuet, auch ein wenig Mehl; dann eine Platte Butterteig darüber, die über die Schüssel hängt, dann noch einen dünnen bunt ausgeschnittenen Deckel wieder darauf, der nur auf den Rand der Schüssel stößt (der Rand der Schüssel wird mit Ey bestrichen, daß nachher der Teig darauf feste backen kann). Sodann wird der überhängende Teig übergeklappt, und davon ein Rand formiret, wie zu einer Pastete gehöret; nun mit dem Gelben von Ey bestrichen und anderthalb Stunden gebacken. Die Sauce wird nach den Ingredienzen genommen, entweder braune oder Krebssauce.

Pastete von Hasen, ohne Knochen.

Wenn man den Hasen sauber abgestreift und beschnitten hat, so löset man erst an beiden Seiten beim Rücken die beiden langen Stücke behende ab, und dann auch von den Keulen, so, daß das Fleisch ganz bleibet; dieses fein überspickt, als wenn es zum Braten soll, dann demselben in einer Pfanne mit brauner Butter auf beiden Seiten ein wenig Farbe gegeben, und einige Stunden einmarginiret,

her-

hernach mit guter feiner Farce eine Pastete in feinem Blätterteig davon verfertiget, vorsichtig gebacken, und dann eine Sauce aigridoux (süßsäuerliche Brühe), wie bei Ochsenzungen dazu gemacht, und solche beim Anrichten in die Pastete gegeben.

Pastete von geräuchertem Schinken.

Man nehme einen guten mittelmäßigen rohen geräucherten Schinken, und lege ihn in lauwarmes Wasser, daß er weich wird [vorher aber wird vorne und an beiden Seiten das schiere Speck etwas abgeschnitten]; alsdann muß man unten zusehen und fühlen, wo die Knochen liegen, und dann längs dem Knochen einen Schnitt thun, daß derselbe immer in die Länge auf den Knochen gehet [man muß demselben ganz behende heraus lösen, daß man nicht zu viel in den Schinken schneidet]; dann die Schwarte und unten das Schwarze alles sauber abgeputzt, und wieder einen halben Tag in Wasser gelegt, daß er wohl auswässert; dann rein abgetrocknet, und eine Nacht einmarginiret, denselben mit einer feinen Farce in eine Pastete verfertiget, dann eine Jus-Sauce dazu gemacht auf folgende Art: man giebt ein Stück Butter in ein Castroll, nebst einem guten Löffel voll Mehl, thut dazu ganz fein gehackte Schalotten, Citronschaalen, Lorbeerblätter und ein Bund Kräuter; dieses zusammen durchgeknetet,

tet, und dann recht starke braune Brühe daran
gegossen, und damit zu einer sämigen Sauce gekocht; zuletzt Citronensaft daran gedrükt. Man
kann auch Morcheln, Champignons, Trüffeln
und dergleichen in die Sauce geben.

Feine Pasteten von Kälberbraten.

Wenn man kalten Kälberbraten hat, so schneidet man solchen in feine Würfel, giebt sie in eine
tiefe Schüssel mit ein wenig Wein, Salz, Citronenscheiben und klein gehackten Citronenschaalen,
Corinthen, geriebener Semmel, solches durcheinander gemenget, und dann eine Pastete in feinem
Butterteig davon verfertiget und gebacken. Zur
Sauce nimmt man ein wenig Wein, Zucker, Citronen, Nelken und Muscatenblumen; solches
mit einander aufgekocht und beym Anrichten in die
Pastete gegeben, ein wenig damit durchgeschüttelt,
so ist sie recht.

Oesterreicher Pastete.

Man muß eine feine delicate Farce machen
auf folgende Weise: man nimmt dazu recht gutes
Kalbfleisch aus der Keule, dann löset man das
Kalbfleisch von der Haut und den Sehnen sauber
ab, schneidet es in feine Würfeln, und thut etwas
geschnittenes Nierenfett oder Ochsenmark dazu;
dieses zusammen fein gehackt, dann auf 2 Pfund
Fleisch

Fleisch für 3 Gr. Semmel genommen. Die Hälfte kann man reiben und die Hälfte in süße Milch einweichen; beides hinzugegeben, das Weiße und Gelbe von 6 Eyern, Salz, fein gehackte Citronschaalen, gestoßene Muscatenblumen; auch etwas Rührey von einigen Eyern, mit einigen Löffeln süßen Rohm gemacht, selbiges dazu gegeben und recht durcheinander gehackt. Diese Farce macht man rund zusammen und drücket sie dann ein wenig platt, daß sie wie ein rundes Brod wird; dann mit feinem Butterteig in einer Tortenpfanne zu einer zierlichen Pastete verfertiget. Unter die Farce auf den Teig muß man dünne Scheibchen Speck legen, und auch überher, dann mit Teig zugedeckt und gebacken; hernach ein feines Ragout gemacht aus lauter feinen Sachen, als: Kälber-Brißel, Ochsen-Gaumen, Kälber-, Hammels-, Lämmer-, Schweins-Zungen, auch Kälber- und Schweins-Ohren, Morcheln, Trüffeln, Champignons, Hahnenkämmen und dergleichen; Jedes muß nach seiner Art mürbe gekocht, und dann sauber abgeputzt werden; die Kälber-Brißel weiß ausgewässert, und dann nur einmal aufgekocht, Morcheln, Trüffeln; Champignon in warmes Wasser geweicht, und von den Morcheln die Stengel abgeputzet; Artischocken-Stüple werden gehörig präpariret und in Würfel geschnitten, und so auch die übrigen Sachen klein geschnitten; dann macht man gelbbraunes Mehl mit klein gehackten Schalotten, dann hiezu auch die übrigen Sachen

ge=

gethan, über dem Feuer ein paarmal umgeschüttelt, und dann recht gute Brühe daran gegossen, womit man es ein wenig durchkochen läßt; zuletzt ein wenig Salz und Citronensaft daran gedrücket, so ist es recht. Dieses Ragout wird beim Anrichten in die Pastete gegeben; das Speck muß man aber vorher abnehmen.

Englische Pastete.

Man nehme 14 Eyer [nemlich von zwölfen das Gelbe, und zweie mit dem Weißen], solche klein geschlagen, ein halbes Nößel abgeklärte Butter und eben soviel kaltes Wasser zu den Eyern gegeben, und noch ein wenig durchgeschlagen; dann mit gutem feinen Mehl angemengt, daß es ein steifer Teig wird, den man ausrollen kann; dann so macht man davon 2 Theile: eins zum Unterblatt, eins zum Deckel. Den Teig legt man zum Boden in eine Tortenpfanne; vorher muß man aber etwas feine Sachen präpariren, als gespickte Hechte, Krebse, Austern, Spargel, junge Küken und dergleichen; solches in die Pastete gemacht, vollends verfertiget und dann gebacken. Eine Sauce kann man zu derselben machen wie man will.

Semmel-Pastete.

Man läßt dazu einen großen Semmel backen und die braune Kruste abraspeln, dann die Krumen

men rein ausgehölet, und wieder mit einem feinen Ragout gefüllt [das Ragout muß aber erst wieder kalt werden—]; dann mit dem Stück Kruste, welches man ausgeschnitten hat, wieder zugedeckt, und mit ein wenig angerührtem Mehl, Eyern und geriebenem Brod fest übergekleistert, auch mit einem Bindfaden kreutzweis übergebunden; hernach legt man es in eine tiefe Schüssel, rühret ein wenig Teig an von einem Ey, ein wenig Mehl und ein wenig Milch, solchen über das Brod gegossen, ein paarmahl darin umgekehrt, dann in heißer abgeklärter Butter ausgebacken, und bis zum Anrichten warm erhalten. Zu der Sauce nimmt man ein Stück Butter, klein gehackte Kräuter, ein wenig Fleischsuppe und etwas gestoßenen Ingwer; dieses wird zusammen sämig abgerühret. Wenn man anrichtet, macht man den Bindfaden ab, schneidet einen Deckel ab, und giebt von der Sauce darein.

Pastete von farcirter und fein gespickter Kälberbrust mit weißer Sauce, Citronensaft und Eyerdottern.

Man farcirt eine Kalbsbrust, indem man dieselbe blanschiret, oder in heißem Wasser steif macht, und fein überspickt (sie muß aber einige Stunden vorher einmarginiret werden), dann eine aufgesetzte Pastete in mürbem Teig mit Farce und Speckscheiben davon verfertiget, und dann gebacken.

backen. Will man sie in einer Tortenpfanne in einen mürben Teig machen, so muß man die Brust etwas kürzer abhauen; hernach macht man eine Sauce mit ein wenig Mehl und Butter, einigen Eyerdottern, Wein, Citronensaft und ein wenig Zucker, solches abgerühret, und in die Pastete gegeben.

Feine Pastete von Kälbernieren.

Man nehme eine Kälberniere aus einem kalten Kalbsbraten, solche mit ein wenig von dem Fett und etwas Speck gröblich durchgehackt, dann mit Zwiebeln, feinen Kräutern, Salz, ein wenig Pfeffer, Muscatenblumen, Champignon, Kälberbrißeln und dergleichen angemenget, und dann eine feine Pastete davon verfertiget. Zur Sauce wird ein wenig Butter mit einigen Löffeln voll Brühe sämig abgerührt.

Stockfisch = Pastete.

Man muß einige Hälften recht guten Stockfisch nehmen, der wohl geweicht ist, denselben auf der schwarzen Seite rein abschraven, oben die Kinnladenknochen und an beiden Seiten die Floßfedern nebst dem Rückgrad heraus = und abschneiden, dann sauber abwaschen, rund aufwickeln und mit einem Bindfaden kreuzweis zusammen binden, mit reinem kalten weichen Wasser zum Feuer setzen,

setzen, daß es ganz langsam bis eben vors Kochen kommt, und dann ohngefähr eine halbe Stunde gegen dem Feuer stehen lassen, als wenn es sich nur eben beweget, aber nicht völlig oder stark kochen lassen, sodann abgenommen, auf einen Durchschlag gelegt, ein wenig Salz übergestreuet und zugedeckt, daß es rein abtriefet; hernach losgemacht, die Gräten rein heraus gemacht, und alle das Beste in eine Schüssel gethan und mit fein gehackten Zwiebeln, fein gehackter Petersilie, gestoßenen Nelken und Muscatenblumen, Salz und einigen Stückchen Butter, sachte und behende untereinander gemenget, daß der Stockfisch nicht vermuset. Von dem übrigen Abfall von Stockfisch macht man eine Farce: man hackt es nemlich klein mit geriebenem Semmel, abgeriebener Butter, ein paar Eyern, klein gehackten Kräutern, Zwiebeln und Gewürz, daß es eine recht schöne feine Farce wird, und verfertigt dann davon einen Teig in eine Pastete. Von der Farce streichet man erstlich etwas unten ein, und darauf Semmelscheiben geleget; dies ziehet die Feuchtigkeit von dem Stockfisch an sich, daß es nicht zu sehr durchweicht; dann den Stockfisch darauf, und Farce überher gemacht. Zur Sauce nimmt man eine RohmSauce oder Buttersauce. Man muß nicht vergessen, Papier unten in die Pfanne zu legen.

Wie

Wie man die Fische zur Pastete präpariren muß.

Alle Sorten Fische muß man, jede nach ihrer Art, rein machen, dann gerissen in zierliche Stücke, auch rund zerschnitten, hernach rein abgewaschen, mit Salz eingesprenget und einige Stunden damit stehen lassen. Auch kann man ein Stück Butter mit bei die Fische thun, solche mit der Marginade, darin sie liegen, ein wenig aufs Feuer setzen, und öfters umschütteln, daß sie nur eben ein wenig steif werden; dann gleich abgesetzet und abkühlen lassen. Alsdann muß man auch etwas Farce von Fischen machen; kann man aber wegen Mangels an Fischen nicht zu einer Farce rathen, so thut man unten und oben geriebenen Semmel und kleine Stückchen Butter; eine Farce ist aber besser. Auf diese Weise verfertigt man alle Pasteten von Fischen in mürbem Teig; in die Sauce giebt man kleine Klümpe von Fischfarce, ingleichen Morcheln, Champignon, Austern, Muscheln, Krebsschwänze, Hechtslebern, Karpfenmilch.

Pastete von frischen Bütten, frischen Schollen oder Seezungen.

Solchen muß man vorher auf beiden Seiten die Haut abziehen, selbige in Stücke schneiden, und dann auch in allem so verfahren, wie mit der vorigen.

Pastete von Aalstücken.

Die Aale dazu müssen etwas groß seyn; von selbigen die Haut abgezogen, in fingerslange Stücke zerschnitten, mit Salz eingesprengt, und auch ferner gemacht, wie vorher angezeigt worden.

Pastete von runden Lachsstücken.

Den Lachs muß man in Stücke, ungefähr eines kleinen Fingers dick, rund abschneiden, mit Salz einige Stunden einsprengen, dann abtrocknen, mit ein wenig Bouillon und rothem Wein, Gewürz, Kräutern, Zwiebeln und Lorbeerblättern auf dem Feuer ein wenig durchschwitzen, daß es steif wird, dann abkühlen lassen, und mit Farce und den gehörigen Ingredienzen in eine Pastete verfertiget. Die Sauce, worin der Lachs abgeschwitzet worden, gießt man durch ein Sieb und braucht es mit zur Sauce.

Pastete von Fischen ohne Gräten.

Man nimmt die Fische, von welcher Sorte man eine Pastete machen will, macht solche rein, schneidet sie in Stücke, und macht sie in Salz und Wasser nur eben steif; dann macht man das Fleisch behutsam in großen Stücken von den Gräten ab, giebt es in eine Schüssel, menget es an mit gestoßenen Nelken und

und Muscatenblumen, kleingehackten Zwiebeln und Kräutern, geriebenem Semmel, kleinen Stücken Butter und ein wenig Salz, hernach mit seiner Farce zu einer Pastete, in seinem Blätterteig verfertiget, und dann eine Sauce wie jeder will, dazu gegeben.

Feine Pastete von Austern.

Wenn die Austern aus den Schaalen gemacht sind, so muß man sie in ihrer eigenen Brühe nur eben ein wenig steif werden lassen; dann den Bart abgemacht, in eine Schüssel gegeben mit geriebenem Semmel, kleinen Stükken Butter, geweichten und reingemachten Morcheln und Champignons, fein gehackten Kräutern und Gewürz, ein wenig Wein und Citronen, alles zusammen durcheinander gemenget; alsdann kann man etwas Farce machen von Fischen und einigen Austern, solches kleingehackt mit abgeriebener Butter, geriebenem Semmel, Salz, einigen Eyern, kleingehackten Kräutern und Gewürz, daß es eine feine Farce wird; davon einen kleinen Rand in die Pastete gesetzt, das Angemengte dahinein, von der Farce darüber und ferner fertig gemacht. Zur Sauce

Sauce nimmt man ein Stück Butter in Mehl umgekehrt und einige Eydotter, solches zusammen durchgekneter und mit dem aufgehobenen Austerwasser, welches man durch ein Sieb gießen muß, zu einer sämigen Sauce abgerührt.

Feine Pastete von Krebsen.

Die Krebse werden in Wein abgekocht, dann die Schwänze ausgebrochen, solche angemenget mit feingehackten Kräutern, Zwiebeln, Gewürz, Morcheln, Trüffeln, Champignons, Hechtslebern, Karpfenmilch und dergleichen feinen Sachen; alles durcheinander gemengt, dann ein wenig Farce gemacht, aus den Krebsscheeren das Fleisch herausgemacht, etwas rohe und gekochte Fische dazu, hernach solches fein gehackt mit geriebenem Semmel, abgeriebener Butter, Eyern, Kräutern und Gewürz; dann zu einer feinen Farce gehackt, und davon einen kleinen Rand in die Pastete gesetzt, das Angemengte dahinein gegeben und Farce überher; dann die Pastete fertig gemacht und gebacken [es muß aber ein sehr feiner Blätterteig seyn]. Zur Sauce macht man von den Krebsschaalen etwas Krebsbutter, und damit eine Sauce ab-
ge-

gerührt; oder man macht eine kräftige Krebs-
coullies, entweder mit Rohm oder mit Bouillon,
und solche beim Anrichten in die Pastete gegeben.

Feine Pastete von Fischwerk.

Diese Pastete bestehet aus lauter feinen
Sachen von Fischwerk, als: Karpfenmilch,
Hechtslebern, Karpfen-Zungen und Augen,
Krebsschwänzen, Austern, Muscheln und der-
gleichen; ferner nimmt man Morcheln, Trüf-
feln, Champignons, Artischockenstühle und
Spargel; jedes nach seiner Art präpariret,
dann zu einem feinen Ragout gemacht, wieder
kalt werden lassen, und hernach mit feinem
Blätterteig eine Pastete davon gemacht.

Feine Pastete von gehackten Fischen.

Man machet eine feine Farce von Fischen
[man kann die Farce von Aal, Lachs, Forellen und von allen Sorten Fischen machen]; wenn
die Farce gemacht ist, so kann man allerhand
Veränderungen von Pasteten davon machen;
nemlich: man kann die Farce in einen Klumpen
machen und dann als ein Huhn formiren, oder
rund, auch viereckigt, wie man will; auch
kann man die Farce stückweise einlegen, oder

als kleine Tauben, auch wie einen Fisch; dann legt man erstlich unten in eine Casserole einige Scheiben Speck, dann formirte Farce darauf; läßt es auf gelindem Feuer verdeckt ein wenig schwitzen, hernach ein wenig Wein, etwas Bouillon, Champignon, Morcheln, Trüffeln, Hechtslebern, Karpfenmilch, Austern, Muscheln, Artischockenstühle, alles vorher sauber präparirt und zu der Farce gethan, solches noch ein wenig durchschwitzen lassen und dann hingesetzt, daß es abkühlt; und sodann eine Pastete davon gemacht. Die übrige Brühe, so darauf ist, muß man aufheben, und beim Anrichten mit einem Stück Butter in Mehl umgekehrt und einigen Eydottern zu einer Sauce abbrühen, so ist es fertig.

Feine Pastete von Krebsfarce.

Man muß 40 Stück Krebse abkochen, das Fleisch aus den Scheeren und den Schwänzen rein heraus machen, auch muß man von andern Fischen, zur Verlängerung, mit zu Hülfe nehmen, und dann eine feine Farce davon machen. Von der Hälfte der Krebsschaalen kann man etwas Krebsbutter machen, und wenn solche kalt ist, abreiben und mit in die Farce

Farce geben; von der andern Hälfte der Krebsschaalen ein wenig kräftige Krebscoullige machen, und dann macht man es in allem, wie die vorhergehende Pastete. Wenn die Farce, wie vorher, einpassiret ist, so wird die Pastete in feinem Blätterteig verfertiget, vorsichtig gebacken und beim Anrichten die Krebscoullige dazu gegeben.

Feine Pastete von Spargel.

Den Spargeln muß man oben die Köpfe, so weit als das Mürbe gehet, abbrechen, selbige rein abwaschen und in Wasser nur ein paarmal aufkochen lassen, dann auf einen Durchschlag geben, daß sie rein abtriefen; hernach anmengen mit kleinen Stücken Butter, feingehackten Kräutern, Zwiebeln, Salz, ein wenig Pfeffer und Muscatenblumen; dann ein wenig Farce machen und davon einen Rand auf feinen Blätterteig gesetzt, die angemengten Spargelköpfe hinein gegeben, und dann vollends fertig gemacht. Wenn man sie anrichtet, so macht man eine Rahmsauce darein, so ist sie fertig.

Von Crisetten.

Diese sind den feinen Pasteten sehr ähnlich, nur daß sie in hohe Formen gemacht werden. Man verfährt damit folgendermaßen: will man eine Crisette machen, es sey von Stockfisch, Hechten oder anderen Fischen, so werden selbige abgekocht, von den Gräten abgesucht und mit feingehackten Kräutern, Zwiebeln, Gewürz, Salz, kleinen Stückchen Butter angemenget, und dann eine feine Farce von Fischen gemacht; hernach einen mürben Teig, und dann muß man eine hohe Form dazu haben, welche ein gutes Modell hat; diese Form wird mit geschmolzener Butter bestrichen und mit fein geriebenem Semmel bestreuet. Den Teig muß man ein wenig dünner, als zu den Pasteten, ausrollen und in die Form legen, die Farce überall wie einen halben Finger dick einstreichen, und dann das Angemengte auch hinein geben, mit ein wenig Teig zudecken, den Rand sauber abschneiden und in eine Tortenpfanne setzen, und unten und oben mit Feuer gahr backen. Wenn man es anrichtet, so kehret man die Form in der Schüssel um, ziehet sie vorsichtig ab, dann schneidet man oben eine kleine Platte ab und macht eine Sauce nach Gefallen darein; so kann man von allen feinen Sachen eine Erisette machen.

Eyer-Tens in Fleisch-Suppen.

Auf jedes Ey nimmt man 2 hölzerne Löffel voll kalte Suppe. Die Eyer werden ganz klein geschlagen, dann benannte Portion Suppe hinzugegeben, Salz und Muscatennuß nach dem Geschmack; dies Alles in einen irdenen Topf gegossen und in einen Schließkessel mit kochendem Wasser gesetzt (2 Finger breit muß der Topf aus dem Wasser stehen, damit kein Wasser in den Topf kommen kann). Der Topf muß zugedeckt und etwas Schweres darauf gelegt werden, daß derselbe nicht umfällt. Beinahe ¾ Stunden kann der Tens in dem Wasser kochen; man muß aber oft zusehen, ob der Tens dicklich wird, dann wird das Dicklichgewordene mit einem silbernen Löffel stückweise herausgestochen, in die Suppenschaale gelegt und hernach die Suppe darüber gegossen.

Schwämme in Suppe

werden gemacht von ¼ Pfund süßer Milch und ¼ Pfund Butter; dies mit einander zu Feuer gesetzt und geschmolzen, auf dem Feuer allmählig

lig ¼ Pfund Mehl dazu gekrümelt und bei
stetem Rühren gahr werden lassen, dann in
eine Schaale geschüttet, daß es abkühlt; nun
6 Eydotter, etwas Muscatenblüthe und Salz
hinzugegeben und eben gerührt; zulezt das Eyweiß zum steifen Schaum geschlagen und auch
hinzugerührt; wenn angerichtet werden soll, mit
einem zinnernen Löffel Klümpe von dieser Masse
abgestochen und in die kochende Bouillon gegeben; sie kochen bald in die Höhe und werden
noch einmal so groß, als sie hineingegeben;
sobald sie in die Höhe kommen, wird gleich
angerichtet, sonst werden sie hart.

Siebente Abtheilung.
Von Braten.

Wie man Gänse füllen und braten muß.

Man nehme rein gemachte Castanien, abgeschälte in Striemeln geschnittene Mandeln, in feine Striemeln geschnittene Aepfel, in länglichte Striemeln geschnittenes Weißbrod in Butter gebraten, rein gewaschene Rosinen; dieß alles zusammen gemenget, die Gans damit gefüllt, aufgespielt und an einem Spieß gahr gebraten; zuletzt, wenn der Braten meist gahr und das meiste Schmalz herausgelaufen ist, gießt man solches aus der Pfanne und begießt ferner den Braten mit reiner Butter, bis er vollends gahr ist. Wenn man die Gänse ordinair füllen will, so giebt man, anstatt

anstatt Castanien und Mandeln, halb gahr gekochte Pflaumen, geriebenes Brod und Anies dazu, auch ein wenig Zucker.

Wilde und zahme Enten zu braten.

Diese werden recht sauber geputzt, dann aufgespielt und an einem Spieß gahr gebraten; die zahmen Enten kann man auch zuweilen füllen, nemlich mit etwas geriebenem Semmel, fein geschnittenen Aepfeln, Corinthen, Zucker, gestoßenem Canehl; dieses in ein wenig Butter abgeschwitzet, die Enten damit ausgefüllet, und dann gebraten.

Kapaunen, Kalekuten, Hüner, Tauben zu braten.

Bei allen diesen Braten ist zu erinnern, daß alles zu rechter Zeit trocken gepflückt wird, und wenn es eine Nacht durchgekühlet, alsdann sauber präparirt, zierlich aufgespielt, gespickt oder auch mit Scheiben Speck beleget, dann Papier mit Butter bestrichen, darüber gebunden, und so an einem Spieß weiß und gut gebraten.

Gebratene Kapaunen mit Austern.

Die Kapaunen werden eben so, wie vorher angezeiget, zum Braten präpariret; dann nimmt man

man so viel ausgemachte Austern, als man nöthig zu haben glaubt, solche in ihrer eigenen Brühe ein wenig gekrellet, und dann den Bart abgemacht, in einer Schüssel mit geriebenem Semmel, kleinen Stückchen Butter und gestoßenen Muscatenblumen durch einander gemenget; solches in den Kapaun gefüllt, und dann weiß und sauber gebraten. Wenn man anrichtet, so kann man noch ein wenig Austersauce darunter machen.

Geschmorte Küken mit Stickbeeren.

Die Küken werden gepflückt, rein gemacht, ausgenommen, der Brustknochen behende herausgebrochen, und die Beine eingesteckt; dann rein gemachte Petersilie ein paarmal durchgeschnitten, mit etwas Butter zusammen geknetet, und davon in ein jedes Küken etwas eingestopft; dann Butter in eine Casserole gethan, und solche ganz heiß werden lassen, daß sie gelbbraun wird; dann die Küken hinein-gethan und gahr geschmoret. Man kann sie alsdann so, oder auch mit Stachelbeeren, zurecht machen.

Hammelkeulen oder Rücken als einen Wildbraten einzurichten.

Man muß von dem ganzen Hintertheil eines Hammels die Keulen eben so, als von einem Stück Wild ablösen, am Rücken, wie bei'm Wildzimmer.

an beiden Seiten das Dünne abhauen; dann alles wohl geschlagen, mit gröblich gestoßenen Wacholderbeeren, gröblich zerschnittenen Zwiebeln, Thymian, Basilicum, Majoran, Petersilie, Lorbeerblättern, ein wenig Salz und Essig eine Nacht eingebeizet, dann aufgehangen, daß das Nasse rein heraustrieft; hernach eben so, wie einen Wildbraten, sauber beschnitten, gespickt und an einem Spieß gahr gebraten. Man kann eine scharfe Sauce dazu machen, nemlich: man nehme einige Anschovis oder ein Stück Häring, eine Zwiebel, ein wenig geweichte Champignons, etwas Cappern, alles zusammen klein gehackt, und sodann, wenn man den Braten abnimmt, solches zu der Butter in die Bratpfanne gegeben und zusammen durchgeschmort; zuletzt ein wenig Bouillon dazu, damit durchgerührt, daß es sämig wird; dann durch ein Sieb gestrichen, und unter den Braten, oder in einem Rümpchen besonders dabei gegeben.

Von Kalbs- Lamms- und Hammelbraten.

Solche werden sauber präpariret, gespickt und vorsichtig abgebraten, daß sie mürbe werden, und doch eine gelbe Farbe behalten; dann mit der Jus zur Tafel gegeben. Bei Lammsbraten kann man eine grüne Sauce machen; man nehme einige Kräuter, als: Körbel, Sauerampfer und Petersilie, von jedem eine Hand voll; solches klein gehackt,

hackt, hernach in einem großen Mörser gestoßen, mit einigen hartgekochten Eyern, einigen gerösteten Semmelscheiben in Weineßig, genetzet, alles ganz fein zusammen gestoßen, und dann mit guter Fleischbrühe durch ein Haarsieb gestrichen, daß es eine sämige Sauce wird; solche dann kalt in einem Kümpchen besonders beim Braten gegeben.

Gebratene Kalbsbrust, die gefüllt wird.

Die Kalbsbrust muß man gehörig blanschiren, und mit einer Farce farciren, dann die Brust wieder zuheften. Will man sie spicken, muß man die Brust in heißem Wasser steif werden lassen; dann abgekühlet, sauber gespickt und schön gebraten.

Schnepfen, Kramtsvögel und Lerchen zu braten.

Die Schnepfen, Kramtsvögel und Lerchen werden zum Braten nicht ausgenommen, sondern nur gehörig rein gemacht, die Beine rückwärts über, und dann inwendig nach unten bei den Keulen durchgebogen, und kreuzweise zusammen gesteckt; die Haut vom Halse und Kopf abgezogen, den Hals einmal herumgedrehet, und den Schnabel oben in die Brust gesteckt. Dieses thut man nur bei Kramtsvögeln und Lerchen; den Schnepfen drehet man auch einmal den Hals herum, steckt

steckt aber den Schnabel durch die Keulen, als wenn man sonst Flügelwerk aufspielet; hernach auf kleine Spießchen gesteckt, an einen größeren Spieß gebunden, und so gebraten. Bei den Kramtsvögeln und Lerchen steckt man zwischen jeden Vogel ein klein Scheibchen Speck, und so kann man sie mit kleinen Spießchen an einen Spieß binden, oder auf einem Roste gahr braten. Bei Schnepfen, welche man an einem Spieß braten muß, werden geröstete Semmelscheiben in die Bratpfanne gelegt, daß alles Eingeweide, welches herausbratet, darauf fällt. Wenn man anrichtet, legt man das Brod unter die Schnepfen; die Kramtsvögel bestreuet man mit gestoßenem Zwieback und Wacholderbeeren.

Birkhüner, Fasanen und Rebhüner zu braten.

Bei Birkhünern, Fasanen, Rebhünern und dergleichen ist nur dieses zu erinnern, daß man solche sauber aufputzet und aufspielet, und die Köpfe so rauh mit den Federn daran sitzen lässet; dann über Kohlenfeuer ein wenig steif gemacht, gespickt oder mit Speck und Papier bewunden und dann vorsichtig gebraten. Von den Birkhünern schneidet man den Kopf so roh ab, weil er des rothen Kammes wegen so schön aussiehet, und leget ihn dann hernach beim Anrichten auf den Rand der Schüssel beim Braten.

Gebratene Hasen.

Wenn man von den Hasen das Fell abgemacht hat, so muß man die Vorderläufe ablösen, und dann Brust und Hals abschneiden; hernach hinten das Schloß losgeschnitten, sauber ausgeputzet, und abgewaschen; alle blaue Haut und Sehnen ganz dünne abgeschnitten, dann fein gespickt und am Spieß mit Butter gebraten.

Von allen Wildbraten überhaupt.

Alle Wildbraten, sie seyen von kleinem oder großem Wilde, wilde Schweine und dergleichen, werden nur sauber beschnitten; ein jedes nach seiner Art gespickt und vorsichtig gebraten.

Achte Abtheilung.
Von Torten und Gebackenem.

Brod=Torte.

Man nimmt 15 frische Eyer, schläget diese mit dem Weißen und Gelben in eine große Schaale, giebt dazu 4 Pfund gestoßene Mandeln, ½ Pfund feinen Zucker, auch etwas gröblich gestoßenen Caneyl und Nelken; dieses wird zusammen mit einer Ruthe 2 Stunden geschlagen; unterdessen röstet man in der Röhre in Scheiben geschnittenes Brod [welches ¼ Pf. seyn muß], stößet es klein, und siebet es durch ein Haarsieb. Wenn nun das erstere 2 Stunden geschlagen, wird das Brod darunter gerühret, und in die Forme, welche vorher mit Butter ausgestrichen und mit Semmelkrumen bestreuet seyn muß, gegeben, dann langsam

sam gebacken. Man kann auch Citronat in Striemeln schneiden, und die Torte glassiren, dann mit Citronat und Boises garniren.

Macronen-Torte.

Auf 1 Pfund gestoßene Mandeln nimmt man ½ Pfund gestoßenen Zucker; dieses zusammen in einem Castrole über ein gelindes Feuer gesetzt, bis sich der Teig von selbst ablöset; zwei Eydotter darein gerührt, aber dann muß es nicht lange mehr auf dem Feuer stehen. Wenn es ein wenig abgekühlet, dann auf ein Backbrett gethan, mit ein wenig Zucker durchgeknetet, Oblaten auf Papier gelegt, mit dem Teige eines kleinen halben Fingers dick bestrichen, und auf gelindem Feuer abgebacken. Von den Oblaten schneidet man allerhand Modelle, belegt sie mit dem Teige, dann gebacken und die Torte damit garniret.

Sandtorte oder Zuckertorte.

5 Eydotter;
1 Pf. Mehl, knap gewogen;
¼ Pfund Zucker;
½ Pf. frische von Salz rein gewaschene Butter;
für 1 Mgr. bittere Mandeln.

Die Eydotter müssen lange gerührt werden; je länger, desto trockener werden die Kuchen; die
But-

Butter in kleine Stücke geschnitten, mit dem größten Theile des Mehles zu den Eyern gegeben, wird zu einem Teig geknetet, wohl durchgearbeitet, und ganz zuletzt der Zucker hinein gethan, sonst schmilzt derselbe, wenn er zu frühe hineinkömmt, und der Teig fließt auseinander; auch muß der Teig nach hinzu gegebenem Zucker gleich ausgerollt und gebacken werden. Dies Ausrollen geschieht eines halben kleinen Fingers dicke; man drückt den Teig mit bunten Formen zu allerlei Figuren ab, macht auch davon ein rundes Unterblatt, das dann mit den bunten Zierrathen belegt, wie bei einer Zuckertorte. Man kann es auf einem Bleche im Backofen oder auf Papier in einer Tortenpfanne gahr backen; von Farbe hellgelb wie ein Bisquit.

Sandtorte.

Man nimmt

1 Pf. frische Butter,
¾ Pf. feinen durchgesiebten Zucker,
½ Pf. durchgesiebte hallische Stärke;
3 Eyer mit dem Weißen und Gelben;
von 2 Citronen die gelbe Schaale abgerieben.

Die Butter wird sorgfältig gewaschen, um sie vom Salze zu reinigen; alsdann reibt man sie zu Schaum, giebt allmählig die Eyer dazu, hernach den Zucker und die Citronschaale; hiemit rührt

rührt man es ½ Stunde, alsdann das Mehl hinzugegeben, so daß es überall (nachdem die Butter schon zu Schaum gerührt ist) eine Stunde noch gerührt wird; hernach in eine Reiskuchenform gegeben, und sehr langsam gebacken.

Sandtorte auf eine andere Art.

1 Pf. frische ausgewaschene Butter,
2 Eydotter,
3 ganze Eyer,
¾ Pf. feinen durchgesiebten Zucker,
1 Pf. durchgesiebte hallische Stärke,
von 2 Citronen die Schaale, eingerührt wie die obige, und langsam gebacken.

Noch eine Sandtorte.

½ Pf. frische ungesalzene Butter,
10 Eydotter,
1 Pf. Zucker,
1 Pf. feines Mehl, und die Masse wie einen Teig ausgerollt.

Citronen-Torte.

½ Pf. von allem Salze rein ausgewaschene Butter,
18 Eyer [von zweien wird das Weiße zurückgelassen];
½ Pf.

½ Pf. gestoßenen feinen Zucker,
von 6 Citronen den Saft und von 4 die Schaale abgerieben.

Die Eyer klein geschlagen, etwas gestoßenen Cardamom, und den Saft, Schaale und Zucker hinzugegeben, die Butter zerlassen, nur eben geschmolzen, daß sie nicht braun wird, mit dem übrigen in einer Casserole auf gelindem Feuer abgerührt, wie ein dünnes Rührey, alsdann vom Feuer genommen und gerührt, bis es abgekühlt; dann zur Torte dünnen ausgerollten Blätterteig gegeben, und wie eine Torte gebacken [nicht zu lange, sonst wird der Creme zu härtlich]. Wenn die Torte etwas gebacken, daß sich der Citron-Creme oben schon wie mit einer glänzenden Haut überzogen, legt man ein Stück Papier, so groß, wie der Creme in der Runde ausgeschnitten, auf die Torte, damit der Creme ja nicht bräunlich wird, sondern gelb bleibt, wie Eydotter aussehen. Auch muß gleich vom Anfange an das Feuer oben auf den Deckel rund um den Rand gelegt werden und wenig in der Mitte; denn der Creme wird von gelinder Hitze gahr. Der Rand des Blätterteigs muß aber schnelles Feuer haben.

Die beste Art, eine Rockenbrods-Torte zu backen.

½ Pf. fein gestoßene Mandeln,
¾ Pf. gestoßenen Zucker,

18 Eyer

18 Eyer [von 10 nur das Weiße];
8 Loth gedörrtes Rockenbrod [von den Unterrinden des groben Rockenbrods];
1 Quentchen Canehl, etwas Nelken;
1 Citrone, die Schaale abgerieben.

Die Eydotter klein gerührt, dann den geriebenen Zucker hinzugegeben, wieder eben damit gerührt, hernach die Mandeln, und brav gerührt, daß keine Klümpchen bleiben; sodann das zu Schaum geschlagene Eyweiß hinzugegeben, wieder damit durchgerührt eine Viertelstunde; zuletzt 8 Loth von den Unterrinden des groben Rockenbrods (welches gedörrt, nachher fein gestoßen und durch ein Haarsieb gesichtet ist). Mit diesem muß es nur eben durchgerühret, sodann gleich in die vorher ausgeschmierte und mit Semmelkrumen bestreuete Form gegeben, und langsam wie ein Biscuit abgebacken werden.

Erbsen-Torte.

Von 4 Eyern das Gelbe,
24 Loth Erbsen,
24 Loth Zucker, fein gestoßen,

erst die Eyer gerührt, hernach die Erbsen, dann den Zucker, von einer Citrone die Schaale gerieben; dieses 1 Stunde gerührt, die Form mit ausgelassener Butter bestrichen, mit Zwieback bestreuet, erst langsam gebacken, dann mehr Feuer.

Torte Crocando.

1 Pfund Zucker, 1 Pfund feines Mehl, von 4 Eyern das Weiße, von 2 Eyern das Gelbe; von 1 Citrone die Schaale gerieben, mit Wasser angerührt, gerollt und ausgeschnitten, und dann abbacken; mit eingemachten Sachen belegt.

Mandel-Torte.

Man nimmt ein Pfund Mandeln, fein gestoßen, ¾ Pfd. Zucker, 18 Eyer, von 8 nur das Weiße zu Schnee geschlagen, in den Schnee die Mandeln hineingerührt, sodann den Zucker, auch das Gelbe von den Eyern allmählig dazu gegeben, von einer Citrone die Schaale abgerieben, dieses eine Stunde gerührt. Die Form mit ausgelassener Butter bestrichen, und mit Zwieback bestreuet, oben weniger Feuer wie unten, bis es erst aufgehet, dann oben etwas mehr.

Einen Citronen-Kuchen.

½ Pfd. frische ausgewaschene Butter gebe man in eine Casserole und lasse sie schmelzen, hernach nehme man von 16 Eyern das Gelbe, schlage sie klein, dann zur Butter hinein, und rührt es auf dem Feuer ab, daß es ein weiches Rührey wird (ja nicht härtlich, nur weich, sonst wird es hernach beim Abbacken zu hart). Dann nimmt man es vom Feuer; von 4 Citronen die gelbe Schaale ab-

abgerieben; den Saft aus den 4 Citronen rein herausgedrückt; solchen durch ein Sieb laufen lassen, nun den Citronensaft, Citronenschaale und ½ Pfund feinen Hutzucker, der gestoßen und durchgesichtet worden, zu dem Rührey gegeben; das Weiße von den 16 Eyern zum steifen Schaum geschlagen, auch hinzu, und es langsam durchgerührt. Dann nimmt man den Rand und macht da ein wenig Butterteig hinein, thut die Masse da hinein, bindet Papier herum, setzet es in die Tortenpfanne, und läßt es eine Stunde langsam backen.

Noch eine Sandtorte.

1 Pfund ausgewaschene Butter wird so lange mit einer hölzernen Keule gerieben, bis sie wie ein Schaum wird, alsdann wird unter beständigem Rühren dazugegeben: 5 ganze Eyer, das Gelbe von 2 Citronen abgerieben, ½ Pfd. geriebenen feinen Zucker, 1 Pfd. feines Mehl, alsdann wird es in einer blechernen Form langsam gebacken.

Eine Schwäbische Torte.

Man macht einen Blätterteig von ¼ Pfd. feinem Spelzmehl, und so viel Butter wie gewöhnlich, rollet davon ein sehr dünnes Unterblatt. Zu dem Guß nimmt man ½ Pfd. Mandeln, worunter 2 Loth bittere genommen werden, ½ Pfd.

durch-

durchgesiebten feinen Zucker, von einer Citrone die Schaale abgerieben; 6 Eyer, wovon das Weisse zu Schnee geschlagen wird.

Die Dotter werden mit dem Zucker, Mandeln und Citronschaale ¼ Stunde nach einer Seite gerührt (unterdessen bestreicht man den Blätterteig mit Johannisbeeren=Gelee, oder eingekochten Johannisbeeren; auch mit andern eingekochten süßen Sachen); zuletzt giebt man den Schnee zu dem Guß, damit eben durchgerührt, auf die Torte gegeben, und gleich gebacken, unten mit etwas stärkerer Hitze wie oben; ohngefähr ¼ Stunde muß man sie backen.

Eine Mürbe=Torte.

Reibe ½ Pfund Butter zu Schnee, und rühre hierauf nach und nach 8 Eydotter, geriebene Citronschaale und ½ Pfd. feines Mehl hinzu; zuletzt das von den 8 Eyer zurückgelassene und zu Schnee geschlagene Eyweiß hinzugegeben, und die vermischte Masse langsam abgebacken. NB. Zucker kömmt nicht hinzu, um sie von andern Torten zu unterscheiden.

Baum=Torte oder Berliner Kuchen.

12 Loth süße Mandeln, oder ½ Pfund;
12 Loth bittere Mandeln, oder ¼ Pfund;
1 Pfund frische Butter,

1 Pfund

1 Pfund feines Mehl,
¾ Pfund Zucker,
8 ganze Eyer,
7 Eydotter,
2 Citronen, die Schaale abgerieben, aber nur
   von einer den Saft ausgedrückt,
1 Eßlöffel voll Franzbranntwein.

Die Butter von Salze rein ausgewaschen, und
zu Schaum gerührt; die Eyer, Mandeln, Zucker,
Mehl, Citronschaale — nach und nach hinzugegeben, und alsdann eine Stunde geschlagen.
Dann wird ein Bogen Papier rund nach der Tortenpfanne geschnitten, mit Butter bestrichen, und
ein bestrichener blecherner Rand darauf gesetzt,
etliche Löffel voll von obiger Masse hinein gethan,
alsdann mit etwas heisser Asche unten, und vielen glühenden Kohlen oben auf dem Deckel der
Tortenpfanne, gebacken. Wenn die Scheibe gelbbraun ist, wird eine andere aufgetragen, bis die
Masse alle ist; zuletzt wird ein Zucker-Guß oben
darauf gegossen.

Eine Sandtorte.

Ein Pfund ausgewaschene frische Butter wird
zu Schaum gerührt; 6 ganze Eyer werden eins
nach dem andern langsam in die gerührte Butter
gegeben, und immer gerührt; von einer Citrone
die gelbe Schaale, ½ Pfund durchgesiebten Zucker,
½ Pfund recht feines Spelzmehl, und ½ Pfund
recht

recht gute feine durchgesiebte hallische Stärke, oder sogenanntes Kraftmehl. Wenn dies alles eine Stunde nach einer Seite beständig ist gerührt worden, so ists fertig; dann schmiert man es auf ein rundes Blech, ungefähr eines Daumens dicke, so viel wie möglich allerwärts egal dicke, und langsam gebacken. Man kann auch einen Guß darüber machen auf folgende Weise:

Man rechnet auf ¼ Pfund feinen durchgesiebten Zucker von einem Ey das Weisse; der Zucker wird bei kleinen Portionen in das Eyweiß gegeben, in einem etwas engen Topfe so lange gerührt, bis es schäumt und ganz dick wird; dann wieder über den Kuchen geschüttet und langsam in einem ganz verschlagenen Ofen oder in einer Tortenpfanne angetrocknet, bis es weiß und hart ist. Die Proportion des Zuckers kann man so viel verdoppeln, als man Guß nöthig hat.

Persianische Torte.

Man rührt 10 ganze Eyer, und 4 Dotter mit einem Pfund feinen Zucker wohl durcheinander, etwas Nelken, Cardemom, Zimmt und Citronschaale, 4 Loth Citronat, 4 Loth Pistatien, 4 Loth Pomeranzen-Schaale, ½ Pfund fein geschnittene Mandeln; nachdem solches eine Stunde nach einer Seite immer gerühret, wird ¼ Pfund feines

nes Englisches Mehl dazu gegeben, nochmal durchgerühret, und in einer Mandeltortenpfanne so wie diese gebacken. Es muß mit vieler Vorsicht gebacken werden; geräth es, so schmeckt es sehr gut.

Zucker-Torte oder mürber Teig.

1 Pfund Mehl,
¾ Pfund ausgewaschene Butter,
8 Loth Zucker,
4 Eydotter klein gerührt.

Den Teig dünne ausgerollt, langsam gebacken, und wenn es kalt, mit Johannisbeer-Saft kurz vor dem Essen bestrichen.

NB: Ehe es gebacken wird, muß der Teig mit Eyweiß oder Eygelb bestrichen werden.

Zucker-Torte auf eine andere Art.

1 Pfund feines Mehl, ½ Pfund Zucker, ¾ Pf. Butter, 2 bis 3 Löffel voll Wasser, 3 Eydotter; dies zu einem Teig gemacht, wie ein Strohhalm dicke ausgerollt, mit Formen ausgestochen, und auf blechernen Platen gahrgebacken. Es muß gleich davongemacht werden, weil es noch warm ist.

Butterteig zu machen.

1 Pfund Spetz-Mehl,

1 Pfund

1 Pfund Butter, vom Salze rein ausgewaschen.

9 Eßlöffel voll Wasser.

3 Eßlöffel Franzbranntewein [wird wohl zusammen ½ Maaß austragen].

Blätterteig zu einer mittelmäßigen Torte.

2 Eydotter, 2 hölzerne Löffel Franzbrantewein, 5 Löffel voll Wasser; dies mit so viel Mehl angemenget, daß es ein loser Teig wird; dann 5 bis 6mahl auseinander gerollt, ¼ Pfund ausgewaschne und ausgetrocknete Butter dazwischen gelegt, und so lange gerollt, bis die Butter recht herdurch und der Teig ganz zähe ist. Man nimmt so viel Mehl wie Butter.

Zucker-Guß über Kuchen.

Zu einem mittelmäßigen Kuchen rechnet man von 2 Eyern das Weiße, schlägt selbiges klein, aber nicht zu Schaum: alsdann nach dem Augenmaaß so viel recht feinen, durchgesiebten Zucker ganz langsam hineingerühret [immer nach einer Seite], daß es ganz dicker Syrup wird, den man mit dem Messer streichen kann, und nicht mehr fließet. Je länger es gerührt wird, je besser wirds. Es muß nicht in Zinn gerührt werden, sonst wird es blau; entweder in Porcellain oder in irdenem Geschirr. Am sichersten gehts, wenn man

man den Kuchen mit dem Uebergus gegen einem warmen Ofen trocknet, um es oft genug herumdrehen zu können, sonst wirds gar zu gern gelblich, wenn man in der Tortenpfanne es trocknet; denn ganz weiß muß es bleiben, sonst ist alles Ansehen davon. Man bestreuet es mit buntem Streuzucker, oder belegt es mit Confitüren, ehe man es trocknet.

Nürnberger Speckkuchen.

½ Pfund feines Mehl, ½ Pfund frische Butter, 3 Loth Zucker, 1 Ey; aus diesen wird ein Teig gemacht und in gleiche Theile getheilt, woraus man 2 runde Kuchen macht, wovon der eine zum Boden, der andere auf die Fülle als Deckel gelegt wird. Folgende Fülle kommt dann dazwischen: ½ Pfund süße Mandeln, ½ Pfund Zucker, von 2 Citronen die Schaale abgerieben, ¼ Loth gestoßenen Zimmt, etwas Succade und Pomeranzen-Schaale in feine Würfel geschnitten. Die gestoßenen Mandeln werden mit dem gestoßenen und durchgesiebten Zucker vermischt; der Zimmt, Citronschaale und Succade nebst Pomeranzen-Schaalen hinzugegeben, und mit dem Saft von 1½ Citronen vermischt. Alsdann legt man auf ein rundes Blech aus einer Reiskuchen-Farm den Boden des zu Anfange beschriebenen Teiges, streicht diese Fülle mit einem Messer auf den Boden, und legt nun den Deckel darauf, welcher mit Ey bestrichen und mit Succade, Anies und grob gestoßenem braunen Candis be-

bestreut, und in einer Tortenpfanne gebacken wird; oder in einem Reiskuchenform, der grade die Größe Tortenpfanne hat; wird bei mäßiger Hitze gebacken.

Spring = Kuchen oder Mayländischen.

¼ Pfund Butter zu Schaum gerührt, von 2 Eyern das Weiße zu Schaum geschlagen, und ¼ Pfund geriebenen Zucker; dieses wird zusammen durchgerührt, hernach ½ Pfund feines Mehl dazugegeben und tüchtig damit durchgemengt; dann zu 2 Kuchen auf Papier ausgerollt, mit ein wenig geschmolzener Butter bestrichen, und mit fein länglicht=geschnittenen Mandeln, welche gut mit Zucker und Canehl durchgemengt seyn müssen, bestreuet; und dann in einer Tortenpfanne geschwind gebacken.

Citronen = Torte.

Man schlage etwa 12 Eyer in eine Casserole, rühre es ab zu einem dicken Rührey, und streiche es durch einen Durchschlag; hernach mache man ohngefähr ein halb Pfund abgeriebene Butter und schlage nach und nach 6 Eyerdotter dazu; von 4 Citronen die Schaale abgerieben, auch den Saft hineingedrücket, 3 bis 6 gestoßenen Zwieback und so viel geriebenen feinen Zucker, daß es süß genug wird; dann auch die durchgestrichenen Eyer dazu gegeben, und durcheinander gerührt, dann
in

141

in feinem Blätterteig zu einer Torte verfertiget, oder anstatt eines ausgeschnittenen Deckels, kann man sie oberher mit Striemeln bunt und kreuzweis belegen, den Rand sauber umkräusen, und so backen. Oder man kann auch das Weisse von den Eyern zu einem steifen Schaum schlagen und zuletzt dazu rühren; hiebei macht man aber keinen Deckel oder Strimeln darüber, sondern man legt nur ein Unterblatt von feinem Teig in eine Tortenpfanne, den Rand umgekräuset und so hineingethan. Wem es gefällt, der kann es mit Zuckerplätchen belegen und mit gelindem Feuer gahr backen.

Brunellen-Torte.

Die Brunellen muß man erst in feine Striemeln schneiden, dann in einen Topf mit ein wenig Wasser und Wein, Zucker, gestoßenem Zimmt und ganz fein gehackten Citronenschaalen geben, wie auch Corinthen und kleingeschnittene Succade; dieses zusammen durchgekocht, daß es ein wenig dick wird, dann abkühlen lassen und mit feinem Blätterteig eine Torte davon verfertiget.

Pflaumen-Torte.

Die Pflaumen muß man rein abwischen, dann so viel Wasser darauf gießen, daß sie bedeckt sind, und gahr kochen lassen; dann von den Steinen ab=

abmachen, und in eine Schüssel geben. Von den Steinen muß man das übrige Fleisch, so daran sitzen geblieben, mit der Pflaumensuppe rein abwaschen, und damit die Pflaumen ferner annetzen, daß sie an Dickigkeit recht sind; dann Zukker, gestoßene Nelken, fein gehackte Citronschaalen, in Striemeln geschnittene Mandeln und kleingeschnittene Succade darein geben, damit durcheinander rühren, daß es eine gute Masse wird; und sodann mit feinem Blätterteig eine Torte verfertigen.

Aepfel-Torte.

Wenn man die Aepfel vorher abgeschälet und in 4 Stücke, auch die Kernhäuser rein herausgeschnitten hat, so werden sie in ganz dünne Scheiben geschnitten, dann mit Zucker, Canehl, abgeriebener Citronschaale, in Striemeln geschnittenen Mandeln, in Würfel geschnittener Succade, auch rein gewaschenen Corinthen eingebeizt, und so eine halbe Stunde stehen lassen; hernach auf das Unterblatt der Torte etwas Zwieback gestreuet, die Aepfel hinein und mit bunten Striemeln von Blätterteig garnirt; mit Eygelb die Torte bestrichen.

Kirschen-Torte.

Die Steine muß man erst aus den Kirschen machen, dann mit Zucker in eine Casserole geben und

und ein wenig kochen laſſen, damit der Saft heraus gehet, ſodann die Kirſchen mit einem Schaumlöffel herausgenommen; die Kirſchen-Suppe oder den Saft mit ein wenig geſtoßenen Zwieback, geſtoßenen Zimmt und klein gehackten Citronſchaalen ein wenig dick eingekocht, hernach die Kirſchen wieder dazu gegeben, einmal zuſammen durchgekocht, und hingeſetzt, daß ſie abkühlen; dann ferner in einem feinen Teig zu einer Torte verfertiget.

Johannisbeeren-Torte

wird eben ſo gemacht, wie die Kirſchen-Torte.

Stachelbeeren-Torte.

Die Stachelbeeren rein gemacht, und in heiſſem Waſſer ein wenig abgebrühet, daß ſie nur eben ihre Farbe verliehren und weiß werden; dann gleich auf einen Durchſchlag gegeben, daß ſie abtrocknen; hierauf in eine ſteinerne Schüſſel gegeben mit ſo viel Zucker, daß ſie ſüß genug werden, mit etwas geſtoßenen Zwieback, geſtoßenem Zimmt, fein gehackten Citronſchaalen und kleinen Stückchen Butter. Dieſes zuſammen unter einander gemenget und dann in feinem Blätterteig eine Torte davon verfertiget.

Quitten-Torte.

Die Quitten kann man mit Wein, Citronſchaalen, Canehl und Zucker ein wenig kochen
denn

[denn es ist ein hartes Gewächs]; dann durch einen Durchschlag reiben, und zu einer Torte mit Blätterteig formiren.

Erdbeeren- und Himbeeren-Torte.

Die Erdbeeren und Himbeeren werden rein gemacht, abgewaschen, und auf ein Sieb geschüttet, daß sie ganz abtrocknen, dann mit Zucker, Canehl und Citronschaalen angemenget; auch kann man etwas gestoßenen Zwieback mit darunter mischen, vorzüglich unter die Himbeeren, weil diese saftiger sind; dann mit Blätterteig in eine Torte verfertiget.

Torte von frischen Pfirschen, Apricosen und Zwetschen.

Wenn man von einer dieser Art Früchte eine Torte machen will, so ziehet man von selbigen die Haut ab, dann in der Mitte durchgeschnitten und die Steine herausgenommen; dann macht man ein Unterblatt von feinem Blätterteig in eine Tortenpfanne, legt die ausgemachten Sachen zierlich darauf, und kehret die runde Seite nach oben, dann geriebenen Zucker, gestoßenen Canehl und fein gehackte Citronschaalen darüber gestreuet, mit einem ausgeschnittenen Deckel oder mit Striemeln gedeckt, den Rand umher gekräuset und dann gebacken.

Torte Crocando.

Man nehme feines Mehl, ohngefähr ½ Pf. und halb so viel fein gestoßenen Zucker; dieses auf einem Backtisch zusammen gemenget, ein wenig geschmolzene Butter darein gegossen, und dann ferner mit 1 oder 2 kleingeschlagenen Eyern zu einem Teig angerühret und gut durchgearbeitet. Nun muß man den Teig einige Stunden liegen lassen, daß er sich recht durchziehet; hernach wieder durchgearbeitet, daß es ein ziemlich steifer Teig wird; sodann nimmt man 2 egale Schüsseln, beschmieret solche auf der untersten Seite überall mit ein wenig frischem Speck, oder abgeklärter Butter; dann von dem Zuckerteig ganz dünne ausgerollt, und solchen über die eine Schüssel geschlagen; hernach mit dem Rande von der Schüssel den Teig rundherum glatt abgeschnitten, auch den Rand ein wenig zackenweise ausgeschnitten, und dann in einem Backofen, der nicht heiß, sondern meist verschlagen ist, ein wenig gebacken. Man muß die Schüssel verkehrt oder umgestürzt auf ein Blech setzen, und einen Bogen Papier unten einlegen; oder man legt einen Bogen Papier in eine Tortenpfanne, decket die Schüssel darauf und macht es so gahr [starke Hitze verträgt es nicht]. Wenn es hart ist, und eine hellgelbe Farbe hat, nimmt man es heraus, und macht es behende von der Schüssel, daß es nicht zerbricht. Mit den andern Schüsseln macht man es eben so;

K man

man muß aber den Teig, wenn er schon auf der Schüssel gemacht ist, etwas bunt ausschneiden [dieß wird zum Deckel gebraucht]. Wenn dann alles soweit fertig ist, so legt man den untersten Boden auf eine flache Schüssel, und giebt eine Stunde vor der Mahlzeit eingemachte Sachen darein, was man hat; den ausgeschnittenen Deckel darüber geleget, ein wenig Zucker darüber gerieben, so ist es recht. Man kann auch von diesem Zuckerteig ganz dünn in kleinen Pasteten=Formen gahr machen, solche mit eingemachten Sachen ausstreichen und die Crocando damit garniren. Auch kann man Pyramiden davon verfertigen: man macht nämlich erst, wie vorher, einen Boden oder Unterblatt, dann schneidet man ein Papier, oben spitz und unten breit, nach der Größe und Höhe, wie man die Pyramiden haben will; hernach ein Blech bestrichen, dann ausgerollten Teig nach dem papiernen Muster darauf gelegt und darnach abgeschnitten, so viel Stücke, wie man braucht; diese Stücke etwas bunt ausgeschnitten, und so in einem verschlagenen Backofen gahr oder hart gemacht. Wenn man es anrichtet, so macht man in das Unterblatt eingemachte Sachen, leget dann 4 Stücke kreuzweise darauf, und oben die Spitzen ein wenig zusammen befestiget, daß es fest stehet; es sieht so sehr gut aus.

Rohm=

Rohm-Torte.

Man nehme ein Viertelpfund ganz fein wie Mehl gestoßene Mandeln, streiche solche mit süßer Milch durch ein Haarsieb, daß es recht sämig wird, und was nicht durchwill, muß wieder gestoßen werden, bis man es alles durchgerieben hat; dieses halb eingekocht, stets gerührt, zuletzt 4 Eyerdotter mit ein wenig Rohm kleingeschlagen, und auch dazu gerühret. Wenn es dick ist, auch ohngefähr ein Viertelpfund Zucker dazu, dann eine Schüssel mit Butter beschmieret und darauf gegossen, daß es kalt wird; alsdann kann man es in eine Torte verfertigen, nemlich man streichet erstlich unten auf den Teig ein wenig dicken süßen Rohm und streuet geriebene Citronschaalen darüber; dann legt man das fertig gemachte, entweder in Stücke geschnitten oder ganz, darauf; dann wieder mit dickem Rohm übergestrichen und mit geriebener Citronschaale übergestreuet, mit Striemeln überlegt, den Rand umgekräuset, und so gebacken.

Rohm-Torte.

Man nehme nach Gutdünken etwas süße Milch, und lasse von solcher den dritten Theil einkochen, daß sie sämig wird; dann 6 Eyerdotter mit ein wenig Milch kleingeschlagen, und solche mit einem kleinen Stück Butter und ein wenig Salz dazu gerührt; hierauf abermals gekocht und immer gerührt, bis es dick wird; dann zuletzt auch Zucker dazu gethan, und ferner so gemacht, wie die vorige.

Torte von sauren und süßen Sachen.

Man giebt ein Glas Trauben- oder Citronensaft auf ein Viertelpfund Zucker, solches auf dem Feuer abgerühret, bis es auf die Hälfte eingekocht ist; dann 6 Eyerdotter mit einem Nößel Rohm klein geschlagen, und nebst ein wenig Butter, Orangenwasser, Citronenschaalen, Zimmt, und so mehr Zucker nöthig seyn möchte, dies zusammen auf dem Feuer gerühret, daß es dick wird; hernach kalt werden lassen und in einem Blätterteig eine Torte davon verfertiget.

Torte von Mandel-Rohm.

Man muß ein Pfund Mandeln stoßen, so fein als Mehl, und solches mit süßer Milch durch ein Sieb streichen; was nicht durchwill, muß man wieder stoßen, bis alles hindurch ist [das durchgestrichene muß recht dick seyn]; dann solches mit Zimmt und Zucker gekocht und stets gerühret, bis es ein recht dicker Rohm wird. Nachdem es kalt geworden ist, verfertiget man es mit einem Mandelteig zu einer Torte, bestreicht es mit Johannisbeersaft, und dann wird es gebacken.

Fran-

Französische Torte.

Man nehme ohngefähr ein Quartier süßen Rahm, einige geschlagene Eyerdotter, einige gestoßene Zwieback, Zucker, Canehl, eingemachte Citronschaalen, ein Viertelpfund gestoßene Pistatien; dieses zu einer dicken Marmelade abgerühret, und es kalt werden lassen; dann nimmt man ½ Pfund fein gestoßene Mandeln, ½ Pfund Zukker, ½ Pfund Mehl; dieses mit Eyern auf einem Backtisch zu einem Teig angerührt. Von diesem Teige kann man ein Unterblatt mit einem kleinen Rand herum auf einem Bogen Papier wie ein Herz formiren [oder auch rund], das Abgerührte dahinein, mit kleinen Scheibchen Butter belegt und dann gebacken. Man kann auch von Blätterteig ein Unterblatt machen, und es darin gahr backen.

Torte admirable.

Dazu muß man eine blecherne Schüssel haben; dann einige Oblatkuchen ein wenig angefeuchtet, daß sie sich biegen lassen; solche unten in die Schüssel gelegt, doch so, daß der Rand von der Schüssel einen Finger breit frei bleibet; hernach schneidet man 4 dicke Striemeln von feinem Blätterteig, eines Fingers breit und hoch; solche kreuzweis über die Schüssel gelegt, daß 8 Ecken kommen, und dann in jede Ecke besonders eingemachte

machte Sachen geleget; alsdann von 6 Eyern das Weiße zu einem steifen Schaum geschlagen, und davon einen saubern Rand um die gemachte Torte gesetzt, um den Schüsselrand herum mit geriebenem feinen Zucker bestreuet und dann gebacken. Oder man kann es auch so machen: ein Unterblatt von Blätterteig in eine Tortenpfanne oder auf einen Bogen Papier gelegt, und da eine Sorte eingemachter Sachen ganz dünn überstrichen, dieses mit Oblaten bedeckt, und dann wieder eine andere Sorte Eingemachtes darauf, und alsdann wieder Oblaten; hernach einen ausgeschnittenen Deckel darüber gemacht und gebacken.

Französische Torte mit einem Uebergruß.

Man macht einen mürben Blätterteig, und davon 10 bis 12 dünne und so breit, als man die Torte haben will, ausgerollte runde Kuchen; diese läßt man auf einem Bleche im Backofen gahr backen, oder bäckt sie auch in einer Tortenpfanne, läßt sie kalt werden, und legt erst einen Kuchen auf eine flache Schüssel, bestreicht den Kuchen ganz dünne mit Saft, legt dann wieder einen andern Kuchen darauf, streichet zur Veränderung Marmelade darauf, und so fährt man fort, bis die Torte die gehörige Höhe hat, schneidet den Rand glatt und rund ab, glassirt die Torte, belegt sie mit Confitüren und läßt sie so trocknen.

Torte von geriebenen Quitten.

Man schält nach Gutdünken eine Portion Quitten, nimmt die Kernhäuser heraus, und nachdem man sie roh gerieben, rührt man sie mit einigen Händen voll klein gestoßenen Mandeln, den Saft und die geriebenen Schaalen von 2 Citronen, gestoßenen Canehl und Zucker daran, menget dieß alles wohl durcheinander, und verfertiget davon eine Torte in einem feinen Blätterteig.

Spanische Mandeltorte.

Man macht einen guten Blätterteig mit etlichen Eyerdottern, und davon in einer Tortenpfanne ein Unterblatt; reibe einige Hände voll kleingestoßene Mandeln mit einem Stück abgeriebener Butter, gebe dazu einige Eyer, geriebene Citronenschaale, Zucker und Canehl, etliche Pistatien, eben so wie die Mandeln präparirt. Nachdem man das Unterblatt mit der Fülle der Mandeln dünne überstrichen, legt man einen dünne ausgerollten Teig darüber, streicht auch diesen, und legt abermahl einen andern Teig darüber, auf den man Pistatien streicht, und so mit dem Auflegen des Teigs wechselsweise fortfährt, bis die Torte hoch genug ist; da man denn zuletzt einen Deckel von Teig darüber, und einen zierlichen Rand darum macht, die Torte eine Stunde langsam backen läßt, und selbige glassiret.

Eng-

Englische Milchtorte.

Man macht von feinem Mehl und ein wenig Butter einen feinen gebrannten Teig auf folgende Weise: daß man ordinaires Mehl auf einen Backtisch streuet, es mit kochendem Wasser so anrühret, daß der Teig nicht zu weich wird [NB. die Butter muß in das kochende Wasser gegeben werden, womit man den Teig anrühren will]; dann von diesem Teig eine Form verfertiget, wie eine blecherne Mandeltorten-Form, oder welches Modell man will; man rollet nemlich erst das Unterblatt breit und dünne aus, dann macht man einen saubern Rand herum [man muß es auf einem Bogen Papier verfertigen, und damit auf ein Blech, so es in den Ofen soll, oder in eine Tortenpfanne setzen]; dann nimmt man, nach Größe der Torte, einige Löffel voll Mehl, Eyer, Rohm, Zucker, Canehl und geriebene Citronenschaalen; alles wohl durcheinander gerührt, dann in den Teig gegossen, und gebacken.

Englische Aepfeltorte.

Man mache eben so eine Form von feinem gebrannten Teig, wie vorher; dann schälet man Aepfel und schneidet sie klein, giebt sie in eine Schüssel mit etwas Wein, Zucker, Canehl und Citronenschaalen; solches zusammen durchgeschüttelt, einige Stunden durchgebeitzet, hernach mit
Scheib-

Scheibchen Butter in den zurecht gemachten Teig gegeben, einen feinen zierlichen Deckel darüber gelegt, bestrichen und gebacken. Hierauf macht man einen Creme von Rohm: nehmlich ein wenig Mehl, Eyer, Zucker, Citronenschaalen und süßen Rohm; dieses zusammen angerührt, und zu einer sämigen Creme abgerührt. Beim Anrichten schneidet man die Torte auf, und gießet den Creme hinein.

Biscuit-Kuchen.

Man nimmt

 1 Pfund feinen durchgesiebten Zucker,
 ½ Pfund hallisches Stärkemehl,
 12 Eyer,
 von 2 Citronen die Schaale gerieben.

Von den 12 Eyern schlägt man das Weiße zu steifem Schaum, giebt alsdann das Gelbe dazu, schlägt es tüchtig damit durch, alsdann allmählig den Zucker hinzu, die Citronenschaale, und zuletzt das Mehl; hiemit muß es nur eben stark durchgeschlagen werden. Ueberhaupt muß es nur eine halbe Stunde geschlagen werden, und dann gleich in die Form gegeben und gebacken [die Form muß sorgfältig mit Butter ausgestrichen und mit fein gestoßenem Zwieback bestreuet werden, sonst setzt es sich]. Man giebt gleich so viel Feuer darunter,

daß

daß er ins Aufgehen kommt; oben wenig. Wenn er völlig aufgegangen, verstärkt man das obere Feuer; er braucht ohngefähr eine Stunde zu backen.

Biscuit-Kuchen.

1 Pfund, 4 Loth feinen Zucker gestoßen und durchgesiebt;

16 ganze Eyer mit dem Weißen;

6 Eydotter;

21 Loth Spelzmehl getrocknet auf einem Papier auf einem Ofen, dann durchgesiebet und 21 Loth davon abgewogen.

von 2 Citronen die Schaale abgerieben.

In einer großen irdenen Casserole den Zucker und Citronschaale an eine Seite geschüttelt, an der andern Seite die Eyer gegeben, dann mit einem feinen weißen Reiser-Besen so lange geschlagen, bis der Zucker alle geschmolzen ist, und mit den Eyern sich vermischt hat, daß es ganz eben ist; alsdann wird es auf gelindes Kohlenfeuer gesetzet, und mit dem Schlagen der Masse so lange fortgefahren, bis sie dicklich wird [etwa wie ein dünner Brey]; dann vom Feuer abgenommen und

und nun 21 Loth getrocknetes Spelzmehl nach und nach hinzugeschüttet, gänzlich mit der Masse vermischt, und gleich in eine schon vorher mit Semmelkrumen bestreuete Form geschüttet, in einen schon etwas geheizten Ofen auf einen Rost gesetzt und gebacken.

Noch einen Biscuitkuchen zu backen.

¾ Pfund feinen durchgesiebten Zucker, 17 Loth durchgesiebte Stärke vorher getrocknet, 15 Stück frische Eyer, wo man von 4 Eyern das Weiße zurück läßt, von einer Citrone die Schaale gerieben; den Zucker schlägt man mit dem Eygelb eine Viertelstunde mit dem Schlag=Besen in einer irdenen Casserole recht tüchtig, giebt dann den Schnee dazu, und wenn es damit wieder durchschlagen ist, setzt man die Casserole unter beständigem Schlagen auf ein gelindes Kohlenfeuer, und wenn es anfängt, warm zu werden, giebt man es in den ausgeschmierten und mit Zwieback bestreueten Form, und bäckt den Kuchen geschwinde. Auf die Tortenpfanne muß anfangs wenig Feuer, unten und herum mehr; ist der Form voll, welches man vorsichtig untersuchen muß, giebt man so viel Feuer auf die Pfanne, daß der Kuchen dabei gahr wird.

Vor=

Vorschrift von Biscuitkuchen mit bitteren Mandeln.

1 Pfund feinen durchgesiebten Zucker.
16 Eydotter, und von 11 Eyern den Schnee;
1¼ Loth geschälte, fein gestoßene bittere Mandeln;
18 Loth Stärke oder andres feines Mehl;
von 1 Citrone die Schaale und den Saft.

Man schlägt zu dem Zucker unter beständigem Rühren nach und nach die 16 Eydotter, die bitteren Mandeln und Citronschaale; dieses wird ½ Stunde mit einander gerührt, dann den Schnee hinzugegeben, und 18 Loth feines Mehl, damit noch tüchtig durchgeschlagen, ganz zuletzt den Saft von einer Citrone, dann sogleich gebacken, wie einen anderen Biscuit.

Chocolade-Biscuit.

24 Loth feinen Zucker,
21 Eydotter; von 9 das Weiße zu Schnee;
6 Loth fein Mehl,
12 Loth Chocolade gerieben, nicht gestoßen;
von 1 Citrone die Schaale gerieben,
Nelken und Canehl nach dem Geschmack.

Man-

Mandel-Biscuit.

1 Pfund abgeschälte Mandeln mit Eyerdottern ganz fein gestoßen, dann 1 Pfund fein gestoßenen Zucker dazu gethan, mit noch ein paar Eydottern durchgerührt, dann auf Papier allerlei Modelle gesetzt, mit Zucker bestreuet und dann gebacken.

Citronen-Biscuit.

Dieses wird eben so gemacht wie der Mandel-Biscuit, aber anstatt 1 Pfund Mandeln wird nur ½ Pfund zu einem Pfunde Zucker genommen, von 2 Citronen die Schaale dazu gerieben, und dann im übrigen gemacht, wie vorher.

Zucker-Struben.

3 ganze Eyer,
3 Eydotter,
6 Löffel voll Rohm,
2 Löffel voll Franzbranntewein,
½ Pfund Zucker,
¼ Loth Cardamom,
Mehl so viel, daß es zu einem Teig wird.

Zuckerstruben auf eine andere Art.

1 Pfund feines Mehl,
½ Pfund Zucker,
4 Eydotter,

4 ganze

4 ganze Eyer,
2 Loth frische Butter,
2 Löffel voll Franzbranntewein,
etwas Cardamom, Citronschaale;
hieraus werden Modelle nach eines Jeden Geschmack formirt und in abgeklärter Butter gahr gebacken; in die Butter kann man ein Stück ganzen Ingwer werfen.

Hobelspäne zu machen.

Von 3 Citronen den Saft;
von 2 dergl. die Schaalen abgerieben;
etwas Eyweiß zu Schnee geschlagen,
½ Pfund Zucker fein gestoßen; dieses mit dem Citronsaft vermischt, und dann mit dem Eyweiß die gehörige Dicke gegeben, auf Oblaten gestrichen, in Striemeln geschnitten und über runden Hölzern getrocknet.

Osteroder Zuckerkuchen.

Zu einem jeden Kuchen gehören:
4 Loth Zucker,
1 Eßlöffel voll süßen Rohm,
1 Eydotter,
1 ganzes Ey mit dem Weißen,
die Schaale von einer halben Citrone,
etwa 8 Loth feines Mehl.
Wenn dieser Teig auf einem Bogen Papier dünne

dünne ausgerollt ist, wird der Kuchen mit einem kleinen messingenen Teigrädchen bunt gemacht, ɪ mit geschmolzener Butter bestrichen, mit ker und Canehl bestreuet, und im Backofen cken.

Hirschhörner.

1 Pfund süße und 4 Loth bittere Mandeln fein gestoßen,
1 Pfund Zucker fein gestoßen,
7 Eyer, von 3 das Weiße zurückgelassen,
2 starke Löffel voll Franzbranntewein,
von 3 Citronen die Schaale gerieben,
¼ Loth Canehl fein gestoßen,
½ Loth Cardamom fein gestoßen.

Die Mandeln werden klein gepflückt, der Zucker, Branntewein, Gewürz, Citronschaale dazu gethan, und mit einander vermischt; die Eyer klein geschlagen und dazu gerührt, dann eine gute Weile geschlagen, daß es ganz eben wird; hernach nur so viel Mehl hineingerührt, daß der Teig eben steif wird, daß man ihn rollen kann. Von dem Teig werden runde lange Striemeln gerollt, selbige einmal gebogen, mit einem kleinen Messer auf beiden Ecken einmahl eingekerbt, auch einige auf einen Spiel gewunden und in kochender Butter unter beständigem Schütteln abgebacken. Sie müssen, wenn sie gerollt sind, sogleich in die Butter gethan werden, sonst werden sie platt; daher
muß

muß nur immer so viel ausgerollt werden, als gleich in die Butter kommen kann.

Bliz-Kuchen.

3 Eyer, von zweien nur das Weiße;
8 Loth Butter,
8 Loth Zucker,
12 Loth Mehl,
von einer Citrone die Schaale, ein wenig Canehl.

Die Eyer klein geschlagen, die Butter geschmolzen, die Eyer zu dem Zucker und Mehl gerührt, dann die Butter auch dazu, nebst der Citronschaale und dem Canehl, alsdann zu einem runden Kuchen auf ein Blech ausgeknetet, geschwinde gebacken, mit Zucker und Canehl bestreuet.

Mandelkränze zu backen.

Man rolle den Blätterteig aus in der Dicke eines guten Strohhalms, davon werden 3 fingersbreite und einer Hand breit lange Striemeln geschnitten; zuvor werden abgeschält: süße Mandeln, gröblich gestoßen, Citronat wird in kleine Stücke geschnitten, Zucker gröblich gestoßen; dies melirt man unter einander, und legt hievon in einem Striche auf die Striemeln Butterteig, drückt die beiden Seiten aus einander, und läßt an der einen Seite eine kleine Oeffnung, welche man mit Eyern

Eyern bestreicht und das andere Ende hineinsteckt. Man bestreicht hierauf die Kränze mit Eyern, drückt sie in gröblich gestoßenen Zucker und bäckt sie in einer Tortenpfanne.

Artischocken-Gebackenes.

12 ordinaire Eßlöffel voll Milch,
12 beinahe aufgehäufte Löffel voll Mehl;
12 Eyer, wovon von 6en das Weiße zurück bleibt;
6 Löffel voll Zucker, Citronschaale und Muscatenblumen;

dies zusammen wohl durcheinander gerührt und in einen runden Rump gegossen, wo sich das Eisen am bequemsten eintauchen läßt; doch muß das Eisen nicht ganz bis oben herauf eingetaucht werden: es muß ein Strohhalm daran fehlen. Das Eisen taucht man vorher in die kochende Butter, ehe man es in den Teig taucht. Nachdem man nun das Eisen eingestipt, und in die kochende Butter hält, man muß es nach 3 bis 4 Minuten loszuschütteln suchen und dann nach Gutdünken verwenden, und gahr backen; alsdann mit der rechten Seite auf Löschpapier gelegt. Das Eisen muß jedesmahl vor dem Eintauchen in die kochende Butter gehalten werden.

Man muß es auf Kohlen backen, und um es bequemer loszukriegen, an das Casserol, worin es gebacken wird, einen Stein legen, der ein wenig höher, als der Topf ist, worauf dann der Stiel von Eisen ruhet, und worauf man auch mit dem Stiele ein wenig aufstoßen kann, um es bequemer loszukriegen.

Rohm-Kuchen.

1 Pfund feines Mehl,
½ Pfund Butter,
von 7 Eyern das Gelbe,
8 Löffel voll Abendrohm,
1 Eßlöffel voll Zucker,
2 Eßlöffel voll Franzbranntewein.

Aus der Butter das Salz wohl ausgewaschen, die Eyer klein geschlagen, den Rohm dazu gethan, einen Löffel voll geriebenen feinen Zucker, dann den Branntewein und das Mehl dazu gegeben, einen Teig davon gemacht, die Butter so wie bei dem Blätterteig hineingerollt, den Teig in so viele Theile geschnitten, als man Kuchen haben will [ohngefähr 18 Kuchen], jeden so dünne wie möglich ausgerollt, auf ein Blech gelegt, mit einem spitzen Messer hin und wieder gestipt, daß der Kuchen keine große Blasen setzt; mit geschmolzener Butter bestrichen, mit Zucker und Canehl bestreut, und dann abgebacken.

Einen Mandelkuchen zu backen.

Man nimmt ½ Pfund süße Mandeln, schnei-

schneidet die Hälfte davon in dünne Striemeln [der andere Theil wird im Mörser fein gestaßen]; dann giebt man von anderthalb Citronen den Saft dazu, etwas Zucker und Canehl, dieses zusammen durchgerührt, in einem Tortenteig herumgegeben und ohne Deckel von Teig gebacken.

Schwedische Kuchen.

6 ganze Eyer, 6 Löffel Rohm, ½ Pfund Butter, ½ Pfund Zucker, 2 Citronen, Canehl, Cardamom, Mehl nur eben so viel, daß man es rollen kann.

Touten-Gebackenes.

Nimm so viel Eyer, als mit der Schaale
    ½ Pfund wiegen,
¼ Pfund Zucker,
¼ Pfund Mehl,
von einer Citrone die Schaale und den
    Saft.

Die Eyer mit dem Weißen und Gelben zugleich klein geschlagen, den Zucker, das Mehl und den Citronensaft nebst Schaale dazu gerührt, eine Tortenpfanne mit Wachs ausgestrichen, den Teig darein nur dünne überlaufen lassen, als ein dünner Pfannkuchen; gleich mit geschnittenen Mandeln und Orangenschaalen bestreuet und gelblich gebacken, bei Stücken herausgeschnitten, geschwinde so warm kleine Touten davon gedrehet und in einer blechernen Dose aufgehoben, die Dose aber nicht eher zugemacht, bis sie kalt sind.

Obstkuchen:

1½ Pfund Mehl,
¼ Pfund Butter,
¼ Maaß dicken Flott,
8 Loth Zucker,
geriebene Citronenschaale.
{ 5 Eßlöffel dicken Geft mit
{ 3 Eiern und
{ 2 Löffel voll Zucker angestellt.

Zum Guß auf den Kuchen:

1 Maaß dicken Flott,
8 Eyer,
fein geschnittene Aepfel,
Canehl, etwas Cardamom, Citronenschaale,
12 Loth Zucker,
12 Loth Butter.

Aepfelkuchen.

1½ Pfund Mehl,
8 Loth Zucker,
½ Pfund Butter,
½ Maaß recht dicken Rohm,
3 Eyer in den Gest,
2 Löffel voll Zucker in den Gest,
5 Löffel dicken Gest.

Auf den Kuchen:
1 Maaß dicken Flott,
8 Eyer,
12 Loth Butter, 12 Loth Zucker.

Die Eyer klein geschlagen, den Zucker hineingegeben, zu dem Gest gethan, auf einen warmen Ofen gesetzt, und wenn es zu steigen anfängt, gleich in den Teig gethan; das Blech fett geschmieret. Wenn der Kuchen gerollt ist (das heißt aufgehet), wird die Hälfte des Rohms darauf gegeben, die kleingeschnittenen Aepfel darauf gelegt, der übrige Rohm darauf gegeben und nun 12 Loth Butter in Klümpchen darüber gelegt, dann in den Ofen. Wenn er fast gahr ist, wird er herausgezogen, und nun 12 Loth Zucker übergestreuet; dann vollends gahr gebacken.

Aepfelkuchen wie Ochsenaugen.

2 Pfund Mehl,
6 Eyer, [es müssen große seyn, sonst 8;]
½ Pfund Corinthen, } wohl gewaschen und auf-
½ Pfund Rosinen,   } gequollen.
4 Löffel dicken Gest,
2 Löffel Branntewein,
6 Loth Zucker,
Aepfel geschält, in feine Würfeln geschnitten; etwas Muscatenblüthe,
4 Loth süße Mandeln, fein gestoßen,
geriebene Citronenschaale,
etwas geschnittene Succade,
½ Maaß süße Milch, lauwarm ge

Zu dem Mehl giebt man das Gewürz; Citronschaale, Zucker, Corinthen, Rosinen und Mandeln rührt man mit etwas Milch klein, schlägt die Eyer dazu und giebt dies zu dem Mehl, rührt es durcheinander, dann mit etwas Milch zu einem ebenen Teig geschlagen, dann die Aepfel hinzu und den Gest, damit durchgerührt und dann nur noch so viel Milch dazu, daß der Teig wie ein dicker Brei ist; den Topf zugedeckt an einen warmen Ort hingesetzt, daß er 1½ Stunde aufgeht; Butter und etwas Schmalz zusammen geschmolzen; in die

Aepfel

Aepfel-Augen-Pfanne in jedes ¼ Löffel voll hinein gegeben; wenn es kocht, sodann den Teig erst einmal durchgerührt und in jedes Auge 1 Löffel voll Teig gegeben; auf Kohlenfeuer, das nicht zu stark ist, gebacken. Wenn die Kuchen an der einen Seite gelbbräunlich, wieder mit einem silbernen Löffel umgewandt, an der andern Seite ihn auch gahr gebacken, auf Löschpapier gelegt, mit Zukker und Canehl bestreut, auf einem Ofen warm gehalten, bis sie alle gebacken, und dann zur Tafel gegeben.

Englische Kuchen.

¼ Pfund Mehl, ½ Pfund Butter, ½ Pfund Zucker, ½ Pfund Eyer, von 1 Citrone die Schaale gerieben, die Butter zu Schaum gerührt, das Gelbe von den gewogenen Eyern hinzu, und eben gerührt, dann den Zucker gut durch einander gerührt, dann das Mehl und zuletzt das zu Schaum geschlagene Eyweiß. In einer Reiskuchenform langsam gebacken, wie eine Sandtorte.

Canehl-Kuchen.

½ Pfund wohl ausgewaschene frische Butter,
½ Pfund geriebenen Zucker,
1 Loth gestoßenen Canehl,
5 ganze Eyer,
½ Pfund Mehl.

Wenn

Wenn die Butter rein ausgewaschen ist, wird sie zu Schmalz gerührt, die Eyer nach und nach dazu, dann den Zucker, Canehl und zuletzt das Mehl. Das Eisen heiß gemacht, mit Butter in ein Stückchen Linnen gebunden, ausgeschmieret, 1 kleinen Eßlöffel von dem Teige hinein gethan und gelblich auf Kohlen gebacken, dann so heiß über ein rundes Holz gekrümmt. Man kann auch Körbe oder Hüthe heiß davon formiren.

Waffeln mit Geſt (Hefen).

1 Pfund Mehl,
¾ Pfund Butter geschmolzen,
16 ganze Eyer,
½ Maaß süße Milch lauwarm gemacht,
4 Eßlöffel Geſt, welcher recht gut seyn muß;
von 1 Citrone die Schaale gerieben,
Muscatenblüthe,
4 Loth Zucker fein gestoßen.

Man muß sehen, daß die Kuchen härtlich und gelb abbacken, daher man dem Eisen keine zu starke Hitze über Kohlen geben muß. Die aus dem Eisen genommenen Kuchen muß man gegen das Feuer auf die Schüssel stellen, damit sie krustig bleiben; dann mit Zucker bestreuen. Sie dürfen nicht auf einander gelegt werden.

Waffeln ohne Gest.

½ Pfund feines Spelzmehl,
½ Pfund frische Butter, nicht geschmolzen, sondern so kalt zur Salbe gerührt; vorher von Salze ausgewaschen,
10 Eyer ganz klein geschlagen, daß sie schäumen;
10 Löffel unabgeröhmte süße Milch, und wenn das Mehl nicht gut beiet (zuzieht), nur 8 Löffel voll;
von 1 Citrone die Schaale.

Wie andere Waffeln eingerührt und gebacken; warm zur Tafel gegeben.

Schwedische Kuchen.

9 Eyer, von 4 nur das Weiße,
¾ Pfund Zucker,
¾ Pfund frische Butter geschmolzen und abgekläret,
¾, auch wohl 1 Pfund Mehl,
etwas Canehl und Cardamom,
von 3 Citronen die Schaale,
4 Löffel süßen Rohm.

Mandel-Kuchen.

½ Pfund süße Mandeln,
1½ Loth bittere,

16 Eyer,

16 Eyer, von 8 nur das Weiße zu Schaum
geschlagen;
½ Pfund Zucker, von 2 Citronen die Schaale,
¼ Pfund durchgesiebte alte Semmelkrumen,
etwas Canehl.

Das Eygelb klein gerührt, dann den Zucker
hinzu, wieder eben gerührt, sodann die Mandeln; diese ganz klein gerührt (¼ Stunde), dann
die Semmelkrumen, und wenn die mit dem ersten
gut durchgerühret, zuletzt Eyweiß, Canehl und
Citronen, nur eben damit durchgerühret, und
dann in einer Reiskuchenform gebacken.

Spiegel-Kuchen.

Oblaten werden in Formen geschnitten, wie
der 8te Theil eines Bogens Papier, so, daß aus
jedem halben Bogen Oblaten 4 oder 6 Kuchen
kommen. Die Stücke Oblaten werden mit Him-
beeren- oder Johannisbeeren-Saft oder geriebenen Aepfeln mit Zucker zur Marmelade gemacht,
beschmieret, dann ein Stück Oblaten darauf gelegt; hernach einen Teig gemacht von 4 Eyern,
2 Löffel fein Mehl, 1 Zwieback und so viel Rohm,
daß es wie ein dünner Pfannkuchen wird. In
diesem Teige werden die zusammengelegten Oblaten umgekehrt, und in Butter und Schmalz
abgebacken.

Verdener Zucker-Krengel.

1¼ Pfund Englisches Mehl,
4 Loth wohl ausgewaschene frische Butter,
3 Eyer,
1 Tassenköpfchen voll Milch;
fein gehackte Citronschaale, Cardamom, Canehl, Muscatenblüthe, 1 Löffel voll Rosenwasser, 2 Löffel voll dicken Gest.

Die Eyer klein geschlagen, die Milch lauwarm gemacht, dann den Gest dazu gerührt mit den Eyern, alles benannte mit einander zu einem Teige gemenget, den man alsdann in so viel Theile theilt, wie man Krengeln haben will. Man kehrt den Teig nochmals in Zucker und Canehl um, façonnirt sie, legt sie auf eine mit Zucker bestreuete Platte, und bäckt sie im Ofen.

Verdener Zucker-Zwiebäcke.

3 Pfund feines Mehl,
¼ Pfund frische Butter,
2 Tassenköpfchen voll süße Milch,
4 Eyer,
4 Löffel voll dicken Gest,
4 Löffel voll fein gestoßenen Zucker,
1 Löffel voll Rosenwasser,
von 1 Citrone die gelbe Schaale gerieben,
etwas Canehl, Cardamom, Muscatenblüthe.

Die Butter muß nicht geschmolzen, sondern nur zusammen gedrückt zum Mehl gegeben werden. Man schlägt alsdann die Eyer darauf, und pflückt die Butter in dem Mehle klein, giebt alsdann die warme Milch mit dem Geſt hinzu, macht hieraus einen Teig, den man in beliebige Stücke schneidet; von jedem Stück einen Ball gemacht, und diese kleinen Bälle auf eine Platte gelegt [doch nicht zu nahe an einander, damit sie im Ofen nicht zusammenfließen]; dann die Platte in den Ofen geschoben, hinlänglich braun und gahr backen lassen; alsdann zieht man sie heraus, läßt sie kalt werden, und schneidet sie mitten durch, setzt sie wieder auf die Platte [aber näher aneinander, wie vorher], und schiebt sie nochmals in den Ofen, damit sie kroß werden. Der Ofen muß aber nicht zu heiß seyn, weil sie sonst leicht verbrennen.

Mandelſtruben.

Man nimmt 1 Pfund fein gestoßenen Zucker, 1 Pfund Mandeln, worunter 2 Loth bittere seyn müssen, schälet sie ab, dann in einer Serviette an der Sonne oder beim Ofen trocknen lassen; hernach eine Handvoll länglich klein geschnitten; die übrigen hackt man mit dem Messer so fein, wie möglich. Hierauf für 1 Mgr. Gummi dragant eingeweicht und zu den Mandeln und Zucker durch eine Serviette gedrückt; dann von 4 Citronen die
Schaale

Schaale dazu gerieben, und von 4 Eyern das Weiße zu Schnee geschlagen, und davon einen Teig gemacht; hernach ein Blech mit weißem Wachs bestrichen, kleine Löffel voll darauf geleget, und Kuchen, einer Hand groß, davon gemacht; sodann bei langsamem Feuer oben und unten gelbbraun backen lassen, mit einem dünnen Messer von dem Bleche abgeschnitten, und auf einem Besenstiel krumm gemacht, so sind sie fertig; sie müssen aber an einen trockenen Orte gesetzet werden, daß sie nicht weich werden.

NB. Man kann auch Tafel=Oblaten mit diesem Teige bestreichen, und auf einem Bogen Papier langsam backen lassen. Wenn sie gahr sind, kann man sie krumm machen, und in Stücke schneiden.

Noch eine Vorschrift von Mandelstruben.

1 Pfund Mandeln abgezogen und auf einer Serviette trocken gemacht; 2 Loth von den größten länglicht=dünne geschnitten, die übrigen mit einem Messer auf einem Brette klein gehackt, durch einen groben Durchschlag gerieben, daß sie ganz klein gehackt sind; dann etwas von den länglicht=geschnittenen dazu gethan, mit fein gestoßenem Zucker verglichen, doch daß etwas Ausschlag beim Zucker ist. Hierauf für 1 Mgr. Gummi dragant in eine Theeschaale eingeweicht; nachdem derselbe auf einer warmen Stelle aufgelöset, durch eine
Ser=

Serviette gewrungen; dann zu den Mandeln und Zucker von 3 Citronen die Schaale abgerieben [man kann die Citronschaale auch fein hacken]; von 3 Eyern das Weiße zu Schner geschlagen, und die Mandeln und den Zucker mit dem übrigen zu einem Teige gerührt [er muß, wenn er zusammenhängt, sogleich gebraucht werden, denn je trockener, desto besser werden die Struben]; dann etliche Bleche recht rein und trocken gemacht, mit weißem Wachs bestrichen, und von den Mandeln einen Löffel voll zu jedem Kuchen auf das Blech gelegt, mit den länglicht geschnittenen Mandeln bestreuet; 7 in die Runde werden auf ein Blech gelegt, Feuer unten und oben gemacht, und gelbbraun gebacken. Nachdem sie etwas kalt sind, mit einem Messer abgeschnitten und auf einem Besenstiel, oder einem dazu gemachten Holze, krumm gemacht.

Canehl-Herzen.

Man nehme 1 Pfund Mehl, ¼ Pfund feinen Zucker, Canehl, so stark man es haben will, von einer Citrone daran gerieben, 2 Loth frische Butter, so viel Eyer hineingeschlagen, daß es ein fester Teig wird. Von den Hälften Eyern das Weiße zurückgelassen, etwas Salz; alsdann wie Herzen formiret, aus klarer Butter gelbbraun gebacken. Man kann auch Hirschhörner davon machen, auch wie kleine Birnen, und anstatt des Stiels ein Stück Canehl hineinstucken.

Spritz-

Spritz-Kuchen.

Man setzet ½ Maas frische Milch aufs Feuer mit etwas Salz, 1 Pfund frische Butter, gestoßener Muscatenblüthe, und wenn es kocht, rühret man so viel Mehl hinein, daß es ein fester Teig wird; dann auf langsamem Feuer gebrannt und immer Mehl dazu, daß es ein Teig wird; recht feste wie Wachs, so glatt, daß ja keine Mehlkörner darin bleiben. Dann in ein Geschirr gethan und mit der Hand geknetet, daß es ein Teig wird; hernach immer 2 ganze Eyer und 1 Eydotter zugegeben, bis er so weich ist, daß er durch eine Spritze gedrückt werden kann. Aus Butter gelbbraun gebacken.

Wenn man Stücke wie eine Wallnuß groß in die Butter setzt, nennt man sie Schneebälle; sie müssen langsam gebacken werden.

Englischen Schnitt.

So nimmt man die Eyer und wiegt sie mit dem Mehle, soviel man machen will; von etlichen Eyern das Weiße zurückgelassen; Muscatenblüthe, Salz, etwas Franzbranntewein, und mit Milch zu einem Teig angerührt, wie zum Pfannkuchen. Wenn dann eine Tortenpfanne mit Butter ausgeschmieret, den Teig hineingegeben, auf heiße Asche gesetzt, daß es hart wird [es muß aber ja nicht backen]; dann daumenslang in

Striemeln geschnitten, und aus Butter langsam gebacken, recht schön gelbbraun.

Wasser-Kuchen.

½ Pfund Mehl,
½ Pfund Puder,
½ Pfund Wasser.

Das Wasser und den Puder kochen, hernach das Mehl scharf brennen lassen; 10 Eyer, etwas Citronenschaale, dann gebacken.

Kleine Zucker-Krengeln.

(wie Confect zu gebrauchen.)

½ Pfund Zucker, ½ Pfund Mehl, 4 Eyer, etwas Nelken, Canehl, Citronenschaale; dieses zu einem Teig gerührt, dann die Krengeln gemacht [von dieser Portion 70 Stück]; die Tortenpfanne mit Wachs ausgestrichen, die Krengeln darauf gelegt und langsam gebacken. Sie müssen eine weiße Farbe behalten.

Israels-Kuchen.

¼ Pfund frische, wohl ausgewaschene Butter,
¼ Pfund feines Mehl,
¼ Pfund feinen Zucker, fein gestoßen,
¼ Pfund süße Mandeln, in feine Striemeln geschnitten;

2 ganze

2 ganze Eyer, 1 Eydotter,
von 1 Citrone die Schaale.

Die Eyer klein gerührt, dann den Zucker, Citronenschaale und Mehl hinzugegeben, zu einem Teig gerührt, daß man die Butter darein kneten kann; dann legt man den Teig auf ein Blech in die Tortenpfanne, drückt mit einem Löffel ihn dünne auseinander, daß er allenthalben gleich wird, und bestreicht ihn mit Eyweiß. Die in Striemeln geschnittene Mandeln werden mit etwas Zucker vermengt, dicke auf den Kuchen gestreuet, langsam gebacken.

Bahringsche Kuchen.
(wie Confect zu gebrauchen.)

½ Pfund Zucker, fein gestoßen,
½ Pfund Butter,
½ Pfund Mehl (Englisch oder Spelz-),
6 Eydotter.

Gestoßene Nelken, Canehl, Cardamom, soviel, daß es beinahe 1 Loth Gewürz ist [Canehl muß das mehrste seyn]. Von 1 Citrone die Schaale gerieben; die Butter gerührt, daß sie wie eine Salbe wird; nun die Eydotter nach und nach hinzu, hernach den Zucker, Gewürz und Citronschaale wieder eben gerührt, zuletzt das Mehl. Die Tortenpfanne warm gemacht, mit weißem Wachs

Wachs bestrichen, von dem Teig eines Messerrükkens dicke aufgeschmiert, gelblich gebacken, in Striemeln geschnitten, über ein Rollholz gleich gehängt. Wenn sie kalt sind, so sind sie fertig.

Zucker=Kuchen.

Man nimmt 1 Pfund fein gestoßenen Zucker, 1 Pfund Biscuit=Mehl, 6 ganze Eyer, von 2 Citronen die Schaale gerieben, etwas Canehl, Nelken, schlägt die Eyer klein, dann giebt man den Zucker hinzu, zuletzt das Mehl. Wenn alles durcheinander gemengt ist, bestreicht man ein Blech [welches aber an allen vier Seiten einen Rand haben muß] mit geschmolzener Butter, den Teig eines halben Fingers dick darauf gestrichen, mit geschnittenen Mandeln und Succade bestreuet, und ziemlich schnell gebacken; die Farbe muß weißlich bleiben. Sobald sie gahr sind, schneidet man sie in viereckte länglichte Stücke. Sie können an einem trockenen Orte ein Vierteljahr conservirt werden.

Citronen=Brod oder Pyrmonter Caffee=Brod zu machen.

1 Pfund feines Mehl,
¼ Pfund frische wohl ausgewaschene Butter,
6 Eyer [von dreien aber nur das Weiße],
4 Löffel Gest, zuletzt hinzugegeben;

von

von 2 Citronen die gelbe Schaale auf Zucker abgerieben; ein wenig warme süße Milch. Von diesen Allen wird ein Teig gemacht, dieser in solche Stückchen, wie sie seyn sollen, getheilt, und wie ein kleiner Paschsemmel formirt, denselben wie einen Gestkuchen in der Tortenpfanne recht lange aufgehen lassen, dann erst, wenn sie recht aufgegangen, mit Eygelb bestrichen; auf den Tortendeckel stark Feuer gelegt und schnell gebacken. Wenn die Brödte geformt sind, ehe man sie in die Pfanne zum Backen setzt, sticht man mit dem Stiel eines Löffels hinein, so geht die Luft heraus.

Semmel gut zu backen.

2 Pfund Weitzen-Mehl,
3 Tassenköpfchen voll warme Milch,
einer Wallnuß groß frische Butter,
3 Eßlöffel voll dicken Gest,
etwas Muscatenblumen.

Hievon einen steifen Teig gemacht, in kleine Semmel aufgewirket und alsdann an einem warmen Orte ½ Stunde zum Aufgehen stehen lassen, hernach mit Eygelb bestrichen und schnell gebacken.

Ludwigs-Kuchen.

6 ganze Eyer,
7 Löffel voll süßen Rohm,

4 Löf-

7 Löffel voll dicken Gest,
1½ Pfund Spelz-Mehl,
¼ Pfund ausgewaschene Butter,
¼ Pfund mit Rosenwasser gestoßene süße Mandeln,
etwas Citronat und Zucker.

Man nimmt die Eyer, schläget sie brav durcheinander, daß sie dünne vom Löffel laufen; dann gießt man die Mandeln hinzu, rührt sie mit den Eyern, bis sie klein sind, gießt nun den Flott nebst etwas Zucker und Muscatenblüthe zu dem Teig, vermengt es mit einander, und rührt sodann auch den Gest und das Mehl hinzu. Wenn solches durcheinander ist, legt man den Teig auf den Tisch, drückt ihn auseinander; hernach legt man die von Salz ausgewaschene Butter in Scheiben darauf, und rollet sie durch wie bei Butterteig; dann macht man ihn auf eine Plate, läßt ihn aufgehen, dann im Ofen gahr gebacken, mit Butter bestrichen, und mit Zucker und Cänehl bestreuet.

NB. Sobald der Kuchen gerascht, muß er gleich in den Ofen, sonst fällt er und hebt sich nicht wieder.

Butterkuchen.

1 Pfund recht feines Mehl,
4 ganze Eyer,
4 Eßlöffel voll süßen Rohm,

4 Löf=

4 Löffel voll dicken Gest,
von 1 Citrone die Schaale abgerieben,
6 Loth Zucker,
etwas Canehl und Cardamom,
12 Loth wohl ausgewaschene Butter.

Dieses alles wird zusammen recht stark geschlagen, und zu einem Teig gemacht, dann ausgerollt und die Butter hingelegt, den Teig übergeschlagen und ausgerollt wie bei Blätterteig, bis die Butter nicht mehr sichtbar ist; alsdann zu einem runden Kuchen gemacht, und nun noch ¼ Pfund ausgewaschene Butter in ganz kleinen Stücken auf dem Kuchen herumgelegt und so sehr langsam aufgehen lassen; ehe er in Ofen kömmt, mit Zucker und Canehl bestreuet.

NB. Das Aufgehen des Kuchens muß in der Nähe des Backofens geschehen. Wird der Kuchen, nachdem er aufgegangen, weit getragen, so fällt derselbe, und hebt sich nicht wieder.

Erdbeeren-Schnitte.

Man nimmt Scheiben von geraspeltem Semmel, röstet sie halb gelb [doch müssen sie ja nicht zu hart werden]; dann nimmt man ganze und gemusete Erdbeeren, welche in Eyweiß, Zucker und Canehl umgewandt werden, legt selbige etwas dick auf die Scheiben, und bäckt solche in heißer Butter. Sie müssen warm auf den Tisch gegeben

ben und mit Caneehl und Zucker bestreuet werden. Beim Abbacken müssen sie immer in einer Schaum-kelle gehalten werden.

Johannisbeeren-Kuchen.

Man legt in eine Tortenpfanne einen Boden von Blätterteig, ohngefähr von ¼ Pfund Butter und eben so viel Mehl. Zum Guß schlägt man das Weiße von 12 Eyern zu Schnee: ½ Pfund süße Mandeln, worunter etwas bittere seyn müssen, ½ Pfund feinen Zucker, von einer Citrone die gelbe Schaale gerieben, giebt dies unter beständigem Schlagen zu dem Schnee, alsdann giebt man die Hälfte auf den Blätterteig, legt die rohen Johannisbeeren darauf, die andere Hälfte des Gusses darüber und läßt es langsam backen, ohngefähr eine Stunde. Man kann ihn von allen Sorten Obst machen: Kirschen, Erdbeeren, Heidelbeeren.

Topf-Kuchen.

1 Pfund 8 Loth feines Spelzmehl,
¼ Pfund feinen Zucker,
1 Pfund vom Salze wohl ausgewaschene Butter,
von 1 Citrone die Schaale abgerieben,
14 ganze Eyer, das Weiße zu Schnee geschlagen;
¼ Maaß Gest.

Das

Das Mehl wird auf Papier getrocknet, dann durch ein Sieb gerühret.

Die Butter wird zur Salbe gerühret, dann die Eydotter nach und nach zur Butter gerühret, nun das zu Schaum geschlagene Eyweiß auch hinzu; wenn solches durcheinander gerühret, auch das Mehl, Zucker, und geriebene Citronschaale; zuletzt ¼ Maaß dicken Gest, gut durchgerührt, in einen ausgestrichenen mit Semmelkrumen bestreueten Form gegeben, an einem warmen Orte aufgehen lassen, und ¾, auch wohl 1 Stunde gebacken.

Topf-Kuchen.

½ Pfund frische Butter,
1 Pfund feines Mehl,
8 ganze Eyer,
10 Eßlöffel süßen Flott,
2 Eßlöffel voll dicken Gest,
3 Loth feinen Zucker.

Die Butter wird zu Schaum gerührt, hernach ein Ey mit durchgerührt, dann ein Löffel voll Mehl, eins um's andere, bis Mehl und Eyer alle sind; hernach den Flott und Gest dazu, den ich vorher mit 2 Eyern und einem Löffel voll Zucker angerührt habe. (Man kann auch etwas Citronat und fein gehackte Mandeln nebst etwas Muscatenblüthe in den Kuchen nehmen.) Den Teig in eine mit Butter ausgestrichene, mit Semmelkrumen

men bestreuete Form gegeben, aufgehen lassen und langsam gebacken.

Noch ein Topf-Kuchen von vorzüglicher Güte.

¾ Pfund von Salze wohl ausgewaschene Butter, auch wohl ⅞ Pfund;
ein halb Nößel sauren dicken Flott,
1¼ Pfund feines Mehl, vorher getrocknet und durchgesiebet;
10 Eyer,
2 Hände voll Rosinen, die gewaschen, aufgequollen und aus denen die Kerne ausgemacht sind.
1 Loth Succade in feine Würfel geschnitten,
4 Loth süße Mandeln fein gestoßen,
von 1 Citrone die gelbe Schaale gerieben,
etwas Muscatenblüthe,
8 Loth Zucker fein gestoßen.

Der Gest wird mit zwei kleingeklopften Eyern und 1 Löffel voll Zucker auf einen warmen Ofen gesetzt, daß er zum Steigen kommt, dann abgenommen; die Butter von Salze rein ausgewaschen, klein gepflückt, ins Mehl gegeben, Citronschaale, Zucker, Gewürz dazu, nebst dem Flott und den Rosinen; die Eyer besonders klein gerührt und dann mit dem Obigen zu einem Teig gerührt, daß es ganz eben, nicht klümprig ist; den Teig mit dem Löffel tüchtig geschlagen, daß er luftig wird; zuletzt

letzt den Gest dazu, damit eben gerührt, alsdann in eine mit Butter ausgestrichene, mit Semmelkrumen bestreuete Form geschüttet, erst aufgehen lassen, daß die Form ganz voll ist, dann gebacken.

Ein geriebener Aepfelkuchen.

40 Borsdorfer Aepfel,
¼ Pfund Corinthen, für 3 Schillinge (oder 18 Pfen.) alte Semmeln,
¼ Pfund Mandeln,
8 Eyer, das Weisse zu Schnee geschlagen,
von 1 Citrone die Schaale gerieben;
Zucker nach dem Geschmack; Canehl.

Die Aepfel werden geschält, auf einer Reibe gerieben, die Mandeln fein gestoßen, so auch den Canehl; die Corinthen gewaschen und auf einem Siebe wieder trocken werden lassen; dies alles nebst dem Zucker zu den geriebenen Aepfeln gegeben, mit den Eydottern durchgerührt, zuletzt das zu Schaum geschlagene Eyweiß hinzu und durchgerührt. Vorher hat man eine Reiskuchen-Form mit Butter ausgestrichen, die Semmel gerieben, und davon dicke den Boden der Form und den Rand bestreuet, etwa die Dicke eines kleinen Fingers; die Masse hieraufgegeben, die übrigen Semmelkrumen dick übergestreuet, kleine Stückchen Butter hin und wieder gelegt und gelbbraun gebacken.

Russischer Erdtoffeln-Kuchen.

½ Pfund geriebene Erdtoffeln,
¼ Pfund Butter zu Schaum gerührt, das
 Salz rein ausgewaschen;
¼ Pfund Zucker fein gestoßen,
¼ Pfund Mandeln fein gestoßen,
Citronschaale nach dem Geschmack,
 8 Eyerdotter, von 6 Eyern das Weiße zu steifem Schaum geschlagen.

Die Butter zu Schaum gerührt, die Eydotter hinzu und damit eben gerühret, sodann die Mandeln, Zucker und Citronen, nachher die Kartoffeln und zuletzt das Eyweiß, damit durchgerührt, und dann in einem mit Butter ausgestrichenen, mit Semmelkrumen bestreuten Form gebacken.

Kleine Aepfelkuchen.

Die Aepfel werden geschält, das Kernhaus ausgestochen, dann die Aepfel in Scheiben geschnitten; das Gelbe von Ey klein geschlagen, die Aepfelscheiben darin umgekehrt, mit gestoßenem Zwieback bestreuet, und dann in einer Pfannkuchenpfanne in abgeklärter Butter langsam gahr gebacken, auf Löschpapier gelegt, und warm mit Zucker und Canehl bestreuet.

Aal- oder Schlangen-Gebackenes.

Wenn man einen Butterteig fertig gemacht hat, so schneidet man ihn nach der Form eines

Aals,

Aals, doch so breit, daß, wenn man ihn doppelt über einander leget, er nur gedachtem Fische ähnlich stehet. Dieses Stück bestreicht man mit Eyern, leget eines Daumens dicke Fülle in der Mitte darauf, ziehet hernach eine Seite des Teiges über die Fülle auf die andere und klebet sie zusammen; dabei ihm die rechte Form eines Aals gegeben, und nochmals mit Eyern über und über bestrichen. Endlich legt man diesen Kuchen auf ein Papier oder Backblech, krümmt und biegt ihn nach Gefallen, und bäckt ihn ab.

Plinzen oder Schlierkuchen.

Man nimmt recht feines Mehl, 8 Eydotter, süßen Rohm, Milch, etwas Butter, Gest und kleine Rosinen; dies alles wird zu einem mehr dünnen als dicken Teig zusammen gerührt, und an einen warmen Ort gestellet, daß der Teig vor dem Abbacken wohl aufgehen könne. — Man kann diese Plinzen auch ohne Bärme (Hefen) bakken, allein sie sind dem Magen etwas lästig zu verdauen. Die Plinzen werden in einer eisernen, etwas flachen Pfanne über Kohlen gebacken. Man muß mit dem Einschmieren der Pfanne eben so als mit den Waffeleisen verfahren. Der Teig in der Pfanne muß nicht zu dicke, lieber zu dünne aufgetragen, und vorzüglich dahin gesehen werden, daß sie nicht verbrennen. Das Auftragen des Teiges in der Pfanne geschieht, wenn ein Löffel

fel voll Teig in die Mitte desselben gethan, und die Pfanne hierauf in den Händen so lange gedrehet und gewendet wird, bis sich der Teig auseinander verbreitet. Die gahr gewordene Plinzen werden eine über die andere in eine Schüssel hingeleget, und auch wohl eine jede, wie sie aus der Pfanne warm kommt, mit zerlassener Butter überstrichen. Mehr aber ist gebräuchlich, daß die Plinzen jede besonders mit Zucker und Caneßl bestreuet, ohne Bestreichung mit Butter zusammen gerollet, und etagenweise auf einer Schüssel angerichtet werden.

Mark=Kuchen.

13 Stück fein gestoßenen Zwieback,
½ Pfund in feine Würfeln geschnittenes Rindsmark,
¼ geriebene Muscatennuß,
ein wenig gestoßenen Ingwer und Salz;
¼ Pfund feines Mehl; 1 Eßlöffel voll dicke Bärme;
10 klein geschlagene Eyer;
½ Pfd. Corinthen gewaschen und abgetrocknet.

Mit lauwarmer Milch [aber nicht zu dünne] so angerührt, daß der Teig ein wenig dicke bleibe. Das Angerührte wird in eine mit kalter Butter bestrichene blecherne Reiskuchenform gegeben; an einen warmen Ort hingestellet, und wenn es anfängt

fängt aufzugehen, unten und oben mit Feuer langsam gahr gebacken, und warm zur Tafel gegeben. Wenn man kein Rindsmark zur Hand hätte, so kann statt dessen ein halb Pfund Kalbsfett von einer Kälberniere, oder auch, in Ermangelung dieser, ¼ Pfund abgeriebener Butter genommen werden.

Osterburger = Kuchen.

Von recht feinem Mehl wird mit Rohm, Milch, Gest, Eydottern, Muscatenblumen, Rosinen, gestoßenem Zucker und Rosenwasser ein Teig bereitet, unter welchen, wenn er aufzugehen anfängt, rohe und nicht wenig Butter eingeknetet wird. Wenn er in einer runden Form zusammen gearbeitet ist, so wird er bis zu der Dicke eines Fingers auf Papier mit dem Rollholze auseinander getrieben, und der Rand, unter welchen mäßige Stücken Butter gelegt werden, ringsherum zu einer hohen Kante aufgeschlagen. Man muß den Kuchen, ehe er in den Backofen kömmt, mit der Messerspitze hin und wieder stippen, daß er keine Blasen erhalte.

Wenn dieser Kuchen, nachdem er aufgegangen, auf einem Kuchenbrette zu dem Backofen hingetragen ist, und eben eingesetzt werden soll, so wird dessen Oberfläche mit Stückchen Butter, die nicht stark gesalzen, überher beleget; hierauf mit gestoßenem Canehl und Zucker recht dicke bestreuet,

streuet, die Kante aber wird mit kleingeschlagenen Eyern überstrichen, damit sie ein gutes Ansehen bekomme. Der Kuchen muß in einem mäßig geheitzten Ofen gebacken werden.

Eiser-Kuchen.

1 Pfund Spelzmehl oder recht gutes Weitzenmehl; ½ Pfund Zucker, 6 Eydotter, von 1 Citrone die Schaale; etwas Caneel und Cardamom; sodann mit süßem Flott angerührt [es muß nicht dicker seyn als ein dünne eingerührter Eyerkuchen]. Ohngefähr pflegt eine Kanne Milch zu einem Pfunde Mehl zu gehören; so genau läßt es sich aber nicht bestimmen. Der Teig muß beinahe noch dünner als Eyerkuchen-Teig seyn.

Mandel-Püster.

½ Pfund süße Mandeln, 2 Loth bittere abgezogen und fein gestoßen.
14 Loth feinen Zucker, fein gestoßen,
von einer Citrone die Schaale und den Saft dazu gethan,
3 Eydotter klein gerührt, mit obigen so lange ½ Stunde gerührt, daß es ein ebner Teig wird. Von diesem Teige wird etwa ein Eßlöffel voll in jeden Polster gegeben.

Der

Der Butterteig zu den Polstern:

1 Pfund feines Mehl,
¾ Pfund vom Salze wohl ausgewaschene Butter,
1 Spitzglas voll Franzbranntewein.
3 Eydotter und 1 ganzes Ey; 4 Eßlöffel voll dicken Rohm.

Die Eyer klein gerührt, den Rohm und Branntewein hinzugegeben, eben gerührt; dann das Mehl hinzu, den Teig ausgerollt, die Butter auf die Hälfte des Teigs gelegt, die andere Hälfte übergeschlagen, wieder dreimahl ausgerollt, mit einem Teigrade viereckte Stücke, ¼ Elle groß, abgerollt. Auf die Hälfte dieser Stücke wird von dem Mandelteig 1 Eßlöffel voll gegeben, die andere Hälfte übergezogen, umher mit einer Feder mit kleingeschlagenen Eyern bestrichen, die Enden umgeschlagen und eingedrückt, wie den Rand eines Butterkuchens, und in einer Tortenpfanne wie Butterteig gebacken.

Leichtes Biscuit.
(wie Confect zu gebrauchen.)

Von 20 Eyern wird das Weiße auf heißer Asche zu Schnee geschlagen. Wenn 6 Eydotter dazu geschlagen sind, wird 1 Pfund fein gesiebter Zucker, und zuletzt ½ Pfund feines Mehl mit et-

etwas Muscatenblumen hineingerührt. Diese Masse wird auf Papier oder in Formen gebacken und mit Zucker bestreuet.

Trichter-Kuchen.

½ Pfund gestoßenen Zucker, ¾ Pfund feines Mehl mit kleingeschlagenem Eyweiß zu einer fliessenden Masse gerührt, dann durch einen Trichter, der drei Pfeifen hat, in abgeklärte kochende Butter laufen lassen, behutsam umgewandt, und wenn selbiger an beiden Seiten gelbbraun gebakken, ihn dann mit der Schaumkelle herausgenommen, auf ein rundes Holz gelegt, daß sie kalt und gebogen werden; dann angerichtet.

Englischer Schnitt.

1½ Pfund sehr feines Mehl; dazu giebt man etwas gestoßene Muscatenblüthe, 16 ganze Eyer und noch 8 Eydotter recht klein gequirlt, nachher zu dem Mehle gegeben, gut durchgerührt; dann so viel Milch dazu, daß es wie ein dünner Eyerkuchen-Teig wird; eine Tortenpfanne mit Butter bestrichen [die Pfanne muß aber gut verzinnt seyn], nachdem sie etwas warm geworden, den Teig darein gegossen, unten und oben gelindes Feuer gegeben, daß es trocknet; dann in Striemeln geschnitten, und diese Striemeln an beiden Enden kreuzweise eingekerbet, und in Butter langsam aus-

ausgebacken, mit Zucker auf einer Citrone abgerieben und mit gestoßenem Caneel bestreuet. Indem man nun etwas von dem Schnitt bäckt, muß man das noch Ungebackene etwas warm zu erhalten suchen; wenn der Schnitt aus der Butter genommen wird, muß er auf Löschpapier gelegt werden. Wenn die Masse angerührt ist, kömmt ganz zuletzt ein Spitzglas Franzbranntewein oder Arrack dazu.

Kleine Wiener Kuchen.
(als Confect zu gebrauchen.)

¾ Pfund Zucker, fein gestoßen,
¾ Pfund feines Mehl,
8 ganze Eyer, 2 Eydotter,
von 1 Citrone die Schaale abgerieben, etwas Cardamom.

Die Eyer zu Schaum geschlagen, dann den Zucker hinzugethan, und damit eine Stunde stehen lassen; dann das Mehl, Citronen und Gewürz dazu, in kleinen Häufchens auf ein Blech gesetzt und gebacken.

Bremer Aepfelkuchen.

Man nimmt 12 große oder 16 kleinere Aepfel, schneidet sie dünne als zu einer Torte, giebt sie in ein Casserol mit einem guten Stück Butter und Zucker, setzt sie zum Feuer, und läßt sie durch-

durchstoßen, schüttet sie oft um, aber nicht gerührt, daß sie nicht musartig werden. Wenn sie mürbe sind, schlägt man 4 bis 5 Eyer mit etwas süßen Flott klein, von einer Citrone die Schaale gerieben, etwas Canehl, giebt es zu den Aepfeln, schüttet es brav mit einander um, doch so, daß die Aepfel nicht zu Mus werden. Den Reif oder die Tortenpfanne streicht man mit Butter aus, bestreuet sie unten und umher mit gestoßenem Zwieback, der mit Zucker und Canehl vermischt ist, dann die Aepfel hinein, oben wieder mit dem vermischten Zwieback bestreuet, einige Klümpchen Butter oben darauf gelegt, unten und oben Feuer gegeben, und gebacken.

Englischer Kuchen.

½ Pfund vom Salze wohl ausgewaschene Butter,
½ Pfund Zucker fein gestoßen,
½ Pfund feines Mehl,
von 2 Citronen die Schaale auf Zucker abgerieben,
6 Eyer mit dem Weißen.

Die Butter zu Schaum gerührt, die Eyer nach und nach dazu gegeben, dann den Zucker und Citrone, wie auch die Mandeln und das Mehl; tüchtig noch gerührt, und sodann ¾ Stunde im Reiskuchen-Form langsam gebacken.

NB. Man kann auch das Eyweiß zu Schaum schla-

schlagen und diesen zugeben, wenn die Mandeln hineingerührt sind.

Träume oder Spanischen Wind, wie Confect zu brauchen.

Man schlägt das Weiße von 2 Eyern zu Schaum ganz steif, reibt das Gelbe von einer Citrone rein ab, und giebt so viel äußerst fein durchgesiebten Zucker hinzu, daß es ein steifer Teig wird; dann nimmt man einen Spahn und giebt damit von dieser Masse kleine Häufchen auf Papier, und läßt sie langsam bei gelinder Hitze im Ofen backen, daß sie hellgelblich werden, hernach verwahrt man sie an einem warmen Orte, sonst werden sie weich.

Chocolade-Plätchen wie Confect zu brauchen.

Von 6 Eyern das Weiße zu Schaum geschlagen, daß es steht wie Schnee; darin giebt man ¾ Pfund feinen durchgesiebten Zucker hinzu, fährt fort zu schlagen, und zuletzt thut man 4 Loth geriebene durchgesichtete Chocolade hinzu, streicht es auf Oblaten, die zu kleinen Kuchen geschnitten sind; diese werden sodann in der Tortenpfanne bei mäßiger Hitze gebacken.

Mandelkuchen auf Oblaten, wie Confect zu gebrauchen.

½ Pfund süße Mandeln fein gestoßen,
¼ Pfund feinen Zucker,

von 1 Citrone die gelbe Schaale und der Saft,
von 3 bis 4 Eyern das Weiße zu Schaum gerührt;

dann den Zucker mit den Mandeln vermischt, Citronensaft und Schaale hinzugegeben, und zu einem Teig gerührt; auf Oblaten gestrichen, die man schneiden kann wie man will; mit feinen Würfeln von Orangenschaalen bestreuet, hernach in der Tortenpfanne gebacken, gelblich von Farbe.

Orangeblüthe = Kuchen als Confect.

6 Loth frische Orangenblüthe, nämlich die weissen Blätter, diese werden mit einem scharfen Messer ganz fein gescherbet;

1 Pfund feinen Zucker, gestoßen und durchgesiebet,

1 Eyweiß zu Schaum geschlagen.

Der Zucker wird gestoßen und durchgesiebet. Dann schneidet man die Orangenblüthe ganz fein, daß sie so aussehen, als ob es geriebene Citronschaale wäre; diese, so wie sie geschnitten werden, gleich in den Zucker gemischt, damit der Geruch sich nicht verliehret; dann das Eyweiß zum steifen Schaum geschlagen, dies auf den Zucker geschüttet, und mit einem Löffel durchgearbeitet, daß der Zucker durch und durch davon angefeuchtet wird; hernach in eine Tortenpfanne ein Papier gelegt, von dem Zucker so kleine runde Kügelchen wie eine große Haselnuß gemacht, diese in der Runde in die

die Pfanne neben einander gelegt, immer zwei Daumenbreit Platz zwischen jedem, daß sie Raum zum Aufgehen haben, und nun auf langsamen oder mäßigem Feuer gebacken; ja von hellgelblicher Farbe. Wenn sie trocken, vom Papier gelöset, frisch hineingelegt — und wenn sie fertig sind, in einer blechernen Dose an einem trockenen Orte aufbewahret.

Licent=Zettel zu backen.

Man nimmt auf 1 Pfund gestoßenen durchgesiebten Zucker 1 Pfund feines Spelzmehl, ¼ Pfd. klein gestoßene Mandeln, 4 ganze gequirlte Eyer, Nelken, Canehl und Cardamom nach dem Geschmack, auch ganz feingeschnittene Orangenschaale; dann alles durcheinander gemengt, auseinander gerollt, in viereckte Striemeln; als ein Licentzettel groß; auf die vierockten Kuchen in der Mitte und an allen 4 Ecken einen abgeschälten Mandelkern gelegt, und sie alsdann auf einem Bleche im Backofen, der nicht zu heiß ist, gebacken. Die Kuchen müssen nicht braun, vielmehr weißlicht aussehen; sie halten sich sehr lange, nur müssen sie in einer blechernen Dose an einem trockenen Orte aufbewahrt werden.

Anies=Kuchen.

6 Eyer werden tüchtig gequirlet, daß sie schäumen; 1 Pfund durchgesiebten Zucker hineingerührt

rührt — und so viel Anies, als man zwischen 3 Fingern halten kann, hineingegeben, nebst 1 Pfund Spelzmehl; dies alles ½ Stunde gerührt. Die Eisenplatte, worauf man es backen will, muß ganz dünne mit geschmolzener Butter bestrichen — mit Semmelkrumen bestreuet; und dann das Angerührte darüber hergeschmieret, mit gröblich geschnittenen Mandeln bestreuet und gelblich gebacken werden; dann muß es gleich warm geschnitten werden, wie man die Größe der Kuchen haben will. Hat man keinen Anies, so kann man, statt dessen, von 2 bis 3 Citronen die Schaale gerieben, darein nehmen. Dann heißen sie Citronenkuchen.

Honigkuchen und Pfeffernüsse.

Auf 1 Pfund guten Syrup rechnet man 1 Pfd. Mehl; 1 Loth Pottasche wird in lauwarmem Wasser aufgelößt; von einer Citrone wird die Schaale ganz dünne abgeschält, in feine Striemeln geschnitten, in Wasser ganz mürbe abgekocht, und dann ganz fein gehackt. Das Gewürz darin ist: gestoßener Canehl, Ingwer, Nelken, von welchen man ungefähr nach dem Augenmaaß nimmt; alles fein gestoßen. Der Syrup wird lauwarm gemacht, und dann wird das Gewürz und Mehl hineingerührt, nebst der aufgelößten Pottasche; alles durcheinander gemengt, und ungefähr als eine gute Wallnuß groß zerlassenes Rindsfett mit hin-

hineingethan [zum besten ist abgefülltes Fett vom Rindfleisch]. Wenn der Teig genug gekneket ist, so thut man etwas Mehl in eine Molde, giebt den angemengten Teig hinein, streuet auch Mehl oben darüberher, und läßt hernach den Teig so angemengt 2 Tage stehen. Nach diesem macht man aus dem Teige Kuchen oder Pfeffernüsse, streuet Mehl unten auf die Plate, macht sie auf und läßt sie gahr backen; sie müssen aber mehr nur trocknen, als backen, mithin in einen ganz verschlagenen Backofen gesetzt werden.

Fasten-Krabben oder Kröpfel.

1 Nößel sauren dicken Flott,
6 Eyer, 1 Pfund feines Spelzmehl, gewärmt und durchgesiebt;
4 Loth ausgewaschene Butter,
8 Loth Zucker, 2 Eßlöffel voll dicken Gest.

Die Butter von Salze rein ausgewaschen, und gerührt, daß es wie Schmalz ist; dann die Eyer und den Zucker eins ums andere hinzugerührt, auch den dicken Rohm eben gerührt, dann den Gest hinzugegeben; mit Mehl zu einem Teig gemacht, daß man ihn rollen kann; hievon kleine runde Kuchen, als wenn sie mit einem Bierglase ausgedrückt wären. Auf diese Kuchen legt man in der Mitte ein wenig eingemachte Sachen, bestreicht sie ausserhalb der eingemachten Sachen herum mit Eygelb, legt ein Stück Teig darüber,

drückt

drückt das rund herum auf den mit Eygelb bestrichenen Rand fest — läßt die Kuchen an einem warmen Orte 1 Stunde gehen, und bäckt sie in kochender Butter gahr; gleich auf Löschpapier gelegt, und warm mit Zucker und Canehl bestreuet.

Fasten-Krabben auf eine andere Art.

1 Pfund Spelzmehl, gewärmt und durchgesiebt,
½ Pfund frische Butter geschmolzen und abgeklärt,
6 Eydotter, 2 Eyer;
2 Eßlöffel voll dicken Hefen,
¼ Pfund Zucker,
eine Tasse voll süßen Rohm,
wie Vorstehendes angemengt und bereitet.

Der Teig wird 2 Messerrückens dick ausgerollt. Man bäckt sie in eben nicht heißer Butter, unter beständigem Schütteln der Butter, gahr.

Kleine Kröps.

Man läßt ¼ Pfund Mehl warm werden, giebt ¼ Pfund frische Butter, die geschmolzen ist, dazu, nebst einigen Löffeln voll Flott, ein Glas Franzbranntewein, einige Eygelb, einige Loth Zucker, etwas Canehl und Muscatenblüthe; arbeitet es gut durch einander, rollt den Teig wie ein Messerrücken ten dick aus, setzet wie ein Laßbeley groß Eingemachtes, immer 2 Fingerbreit auseinander darauf, bestreicht den Teig rund um das Eingemachte, und drückt ihn zu, schneidet es wie ein halber Zwieback groß, arrangirt sie auf ein Blech, bestreicht sie mit Ey, streuet Zucker darauf, und bäckt sie gahr.

Einen Krelenberger Kuchen.

Man nimmt 1½ Pfund feines Mehl, 2 ganze Eyer recht klein gequirlet, 7 Löffel voll warme Milch, ¼ Pfund Butter, so nicht geschmolzen wird, 3 Löffel voll dicken Gest; dieses wird geschwinde geknetet, gleich auf dem Bleche ausgerollt, etwa eines kleinen Fingers dicke; dann setzt man ihn in die Tortenpfanne, daß er aufgehe, giebt oben und unten sehr schwaches, an den Seiten aber stärkeres Feuer, damit er bald aufgehe. Wenn er 1 Finger dick aufgegangen, giebt man mehr Feuer unten und oben; wenn er gelbbraun ist, bestreicht man ihn mit Butter, und bestreuet ihn mit Zucker, verstärkt oben das Feuer, damit der Kuchen einen Glanz bekömmt.

Einen Obstkuchen zu machen.

2 Pfund Weitzen-Mehl, 1 Pfund Butter, 6 Eydotter, 6 Löffel voll süßen Flatt, 6 Löffel voll dicken Gest. Die Hälfte der Butter wird mit dem

dem Flott aufs Feuer gesetzt, und muß damit schmelzen, alsdann wieder so weit kalt werden, daß es nur lauwarm bleibe. Hierauf mengt man den Teig damit an; die Eydotter ganz klein gerühret, zu dem Teig mit dem Gest gegeben, ein wenig Muscatenblumen, und von diesem allen einen guten Teig gemacht. Will man ihn selbst backen, rollet man eine runde Platte davon, nur muß man so viel Teig zurücklassen, daß man einen Rand davon machen kann, [eines guten Daumens hoch], welchen man vermittelst des Bestreichens rund um dem Kuchen her feste macht. Dann setzt man ihn auf ein Blech an einen warmen Ort, und läßt ihn so eine gute halbe Stunde aufgehen; setzt ihn alsdann in eine dazu passende Tortenpfanne, giebt mäßig Feuer oben und unten, und wenn er so ein wenig gebacken hat, legt man das Obst darauf herum, bestreuet es stark mit Zucker, und gießet einen Guß darüberher, welchen man also macht: daß man 3 Löffel voll dicken sauren Flott und 3 Eydotter zusammen rühret, bis es ganz mit einander vermenget ist; hiezu giebt man gestoßenen Caneel, geriebene Citronschaale und Zukker, und lässet sodann den Kuchen backen, bis er gahr ist.

Einen Kirschen-Kuchen.

Man macht einen mürben Teig, rollt ihn auseinander, machet einen Rand herum. Die Kirschen

schen oder Zwetschen, woraus die Steine gemacht worden, werden auf den Kuchen herum gelegt. Wenn der Teig erst gehörig im Ofen etwas gebacken ist, die Kirschen mit Zucker bestreuet, und einen Guß darüber gegossen, der so gemacht wird: 6 Eyer gequirlet mit 6 Eßlöffeln voll dicken sauren Flott, ein gutes Theil Zucker; dieses über die Kirschen gegossen, dicke Zucker darüber gestreuet, und so im Ofen gahr backen lassen.

Einen Butterkuchen zu machen.

Man nimmt 1 Pfund Weizenmehl, ½ Pfund gute Butter, 4 Eydotter, 3 hölzerne Löffel voll süßen Flott, lauwarm gemacht, zwei Löffel gestoßenen Zucker, Muscatenblumen und 2 Löffel recht dicken Gest; dieses zusammen mit einander wohl durchgearbeitet zu einem Teige, und dann wie einen kleinen Finger dick ausgerollt; zwei Stunden an einem warmen Orte aufgehen lassen, daß es fast 2 Finger dick werde; dann wird er in der Tortenpfanne über mäßigem Feuer gahr gebacken. Wenn der Kuchen halb gahr, wird er mit Butter bestrichen, viel Zucker und Caneel darüber gestreuet. Wenn das Feuer dann darüber ein wenig verstärkt wird, so bekömmt er einen schönen Glanz.

Fonty in Kästchens.

Man nimmt ¼ Pfund guten Schweitzerkäse, reibt

reibt ihn, und thut ungefähr ein halb Nösel süßen Flott darauf, rührt selbiges auf ganz gelindem Feuer so lange, bis der Käse zergangen ist [kochen muß es aber nicht]; dann rührt man 8 Eydotter hinzu, auch fein gehackte Schaloten und geriebene Muscatennuß dazu, und läßt es kalt werden. Dann wird von 6 Eyern das Weiße zum steifen Schaum geschlagen, nach und nach zur Masse gerührt. Nun werden kleine papierne Kästchens gemacht, die Masse darein gegeben, und bei langsamer Hitze gahr gebacken. In diesen Kästchen werden sie zur Tafel gegeben.

Ein Wickel-Kuchen.

3 Pfund feines Weitzenmehl thut man in eine Molde, giebt ohngefähr 10 Löffel voll süße ungeröhmte Milch und 8 Löffel voll dicken Gest darauf, menget es durch und läßt dies ein wenig stehen, daß der Teig sich hebt. Dann nehme man 5 ganze Eyer, klein gequirlet, ein wenig Muscatenblüthe, ein gut gewogenes ½ Pfund Butter und 6 Löffel süßen Flott, arbeite mit den Händen dies mit dem Obigen tüchtig durch, daß die Butter ganz darunter vermischt ist. Hernach rolle man ihn langdünne auseinander, bestreiche ihn mit geschmolzener Butter, streue kleine und große Rosinen, in feine Striemeln geschnittene Mandeln, auch in kleine Würfel geschnittene Succade darauf, wickele ihn auf, bestreiche ihn mit

mit Butter, lege Papier unten und oben darauf, und setze ihn mit dem Brode in den Backofen.

Einen Schwedischen Kuchen.

In den Reiskuchen=Form legt man dünnen ausgerollten Butterteig fingersbreit an den Rand herum; Eingemachtes darauf fingershoch auf den Blätterteig; dann nimmt man $\frac{1}{2}$ Pfund süße Mandeln, welche mit ein wenig Eyweiß fein gestoßen sind, 1 Pfund feinen durchgesiebten Zukker, 9 Eydotter, von einer Citrone die Schaale; diese Masse wird $\frac{1}{2}$ Stunde nach einer Seite gerührt, von 4 Eyern das zu steifem Schaum geschlagene Eyweiß dazugegeben; diese Masse auf das Eingemachte gegeben, und langsam gebacken, bis der Kuchen gelbbraun ist. Man kann einen Guß darauf machen, mit Streuzucker oder andern Sachen belegen.

Himbeeren=Kuchen.

Für 2 Schilling (1 gGr.) Semmel und eben so viel grobes Brod gerieben, von einer Citrone die Schaale,

$\frac{1}{2}$ Quentchen Canehl } von diesem Canehl und
12 Loth Zucker, } Zucker wird auch auf den
Kuchen gestreuet.

für 2 Schilling Himbeeren.

Die Himbeeren werden mit 2 Eßlöffel voll Wasser, Citronenschaale, Zucker und Canehl gestobt;

stobt; man läßt sie kalt werden; eine Eyerkuchenpfanne wird mit kalter Butter ausgestrichen, von den Semmelkrumen die Hälfte, und darauf die Hälfte Rockenbrod in die Pfanne gestreuet, die Himbeeren daraufgegeben, auf diese Zucker gestreuet, nun wieder das übrige grobe Brod; zuletzt den Semmel hineingestreuet, und auf schnellem Kohlenfeuer gahr gebacken. Wenn er auf einer Seite gelbbraun gebacken ist, wird diese Seite mit Zucker und Canehl bestreuet. Man kann zu diesem Kuchen auch Aepfel, Zwetschen und Kirschen nehmen; auch Johannisbeeren.

Hattorfsche Kuchen.

½ Pfund gestoßenen Zucker, 12 bis 14 Loth feines Mehl, gestoßenen Canehl, Nelken, Cardamom, geriebene Citronenschaale; alles untereinander gemenget, und mit 2 ganzen Eyern, die recht klein gequirlet worden, zu einem Teig gemacht; dann rollet man es dünne aus, machet kleine Kuchen davon, und läßt sie in der Tortenpfanne gelblich backen. Das Blech muß vorher mit Butter bestrichen werden.

Zuckerschnitt.

Hiezu macht man einen Teig von ½ Pfund frischer Butter, ½ Pfund gestoßenen Zucker, ½ Pfund feines Mehl, ein ganzes Ey, ganz fein ge-

gehackte Succade, 2 eingemachte Wallnüsse; dies alles wohl durcheinander gearbeitet und ganz dünne ausgerollt; davon beliebige Modelle geschnitten, mit zu Schnee geschlagenem Eyweiß bestrichen, mit gröblich gestoßenem Zucker bestreuet und bei mäßiger Hitze gebacken.

Borsdorfer Aepfel in Teig umgekehrt und in Butter gebacken.

Die Borsdorfer Aepfel werden geschält, in zwei Hälften geschnitten, das Kernhaus herausgeschnitten. Zu 30 halben Aepfeln nimmt man von 12 Eyern das Weiße, zu Schaum geschlagen, dazu 10 Zwiebäcke fein gestoßen, von einer Citrone die Schaale gerieben, etwas Canehl und Zucker nach dem Geschmack. Dieser Teig wird eben gerührt, die halben Aepfel recht darin umgekehrt, dann in kochender Butter gebacken, die aber vorher erst abgeklärt seyn muß, daß kein Salz darin bleibt; sobald sie gelblich gebacken, werden sie auf Löschpapier gelegt, und mit Zucker und Canehl bestreuet.

Aepfelscheiben in Teig umgekehrt.

Zu den Aepfelscheiben müssen ziemlich große Aepfel genommen werden, die sich leicht mürbe braten; das Kernhaus wird ausgestochen und die Aepfel in fingersdicke Scheiben geschnitten. Zum Teig

Teig nimmt man zu einer Portion von 20 Scheiben 5 Eydotter, 2 Löffel voll Mehl, gestoßenen Canehl, Citronenschaale, 5 Löffel voll gute Milch, und Zucker nach dem Geschmack. Dies wird zu einem dicklichen Teige gerührt, die Aepfelscheiben darin umgekehrt, und in kochender Butter auf beiden Seiten gelblich gebacken; dann auf Löschpapier gelegt, und gleich Zucker und Canehl darüber gestreuet.

Sattels.

Zu einer guten Schüssel voll nimmt man ½ Pfund frische Butter, rührt sie zu Schaum; dann acht Eyer [von 4 aber das Weiße zurückgelassen] nach und nach hinzugerührt; hernach ½ Pfund Zucker, Citronenschaale, 4 Loth süße Mandeln, die gerieben, auch hinzu, und zuletzt 1 Pfund feines Mehl; dieses recht durcheinander gerührt, dann von diesem Teig kleine Klümpchen gemacht, auf ein Brett, welches dünne mit Mehl bestreuet ist, gelegt, dann in einem Canehlkuchen-Eisen etwas gelbbraun gebacken, warm auf ein Rollholz gelegt, daß sie krumm werden; sodann in einer blechernen Dose verwahrt.

Einen delicaten Kartoffeln-Kuchen.

24 Eydotter recht klein gerührt, dann 4 Loth bittere Mandeln fein gestoßen, nebst ½ Pfund Zucker

Zucker hinzugegeben, und die Schaale von einer Citrone gerieben, tüchtig durchgerührt, dann 1 Pfund geriebene Kartoffeln hinzu; zuletzt von einer Citrone den Saft, und von 8 Eyern das Weiße zu steifem Schaum geschlagen, hinzu; in einer Reiskuchen-Form langsam gebacken, etwa 1 Stunde, wie man Biscuit bäckt.

Wenn die zu diesem Kuchen bestimmten Kartoffeln den Tag vorher gekocht werden, so sind sie am andern Tage besser zum Reiben; das Geriebene wird lockerer, der Kuchen nicht glitschigt, wenn man ihn im Backen gehörig in Acht nimmt.

Neunte Abtheilung.
Von Crems, Gelees und Bouddings.

Chocolade-Creme.

Anderthalb Maaß süße, ungeröhmte Milch, 8 Loth fein geriebene Chocolade, dazu von 12 Eyern das Gelbe, ein Stück Vanille, Canehl und Zucker nach Geschmack; dieses alles aufs Feuer gesetzt, mit einer Ruthe geschlagen, bis es ründlich wird, dann in einen Kump gegeben. Wenn es kalt ist, kann es mit bunten Zuckerplätzchen garnirt werden.

Gries-Klümpe, kalt zu essen.

Der Gries wird mit ungeröhmter Milch, Canehl, Zucker und abgeriebener Citronenschaale gekocht. Wenn er recht steif und gahr ist, giebt man ihn in Tassenköpfchen, die vorher mit kaltem Wasser naßgemacht sind, daß es darin kalt wird; dann nimmt man eine Schüssel, bestreuet den Boden mit Zucker und Citronenschaale, stülpt die Griesklümpe auf die Schüssel, dann giebt man eine kalte mit Eyern abgerührte Milchsauce darüber, oder eine Sauce von Chocolade mit Milch und Eyern abgerührt.

Courage-Mus oder Weinschaum.

Man quirlet 6 ganze Eyer und noch 7 Eydotter ganz klein, rühret 2 Messerspitzen voll feines Mehl mit wenigem Wasser an, daß es nicht klümperig werde, giebt es zu den Eyern und auch ein gut Stück Zucker, worauf die Schaale von 2 Citronen abgerieben; ferner 4 Quartier guten Franzwein, und schlage es tüchtig durcheinander; gebe dies zusammen in eine tiefe Casserolle und schlage es mit einer Ruthe auf mäßigem Feuer beständig. Wenn es anfängt heiß zu werden, giebt man den Saft von 3 Citronen hinzu und Zucker nach dem Geschmack; schlägt es so lange auf dem Feuer, bis es Blasen schlägt und feiner Schaum in die Höhe steigt, sodann gleich vom Feuer genommen, geschlagen bis es kalt ist, dann in eine Saladiere gegeben.

Chocolade-Creme.

Anderthalb Quartier süße Milch, 8 Loth fein geriebene Chocolade, dazu von 12 Eyern das Gelbe recht klein gerührt, ein Stück Vanille, ganzen Canehl und Zucker nach dem Geschmack; dieses alles durcheinander gerührt, aufs Feuer gesetzt und mit einer Ruthe geschlagen wie Citronenmus, bis es ründlich wird; dann vom Feuer genommen, noch eine Weile geschlagen, daß es etwas abkühlet, und nun in die Saladieres gegeben. Der Canehl und die Vanille werden vorher herausgenommen.

Auflauf mit Apricosen.

Man nimmt zu einer mittelmäßigen Schüssel oder tiefen großen Saladiere 8 Loth feines Mehl und 4 Loth frische Butter, setzt die Butter zum Feuer, läßt sie zergehen, thut ungefähr ¼ Pfund feines Mehl dazu, läßt solches mit der Butter schwitzen, giebt nachgrade süßen Rohm hinzu, rührt es auf dem Feuer so lange, bis es ein mittelmäßiger Teig wird, dann abgenommen und gerührt, bis er kalt ist. Hernach 6 Eydotter nachgrade zugeschlagen, das Weiße der Eyer zum steifen Schaum geschlagen und

und zuletzt nebst etwas gestoßenen Canehl, Zucker und abgeriebener Citronenschaale dazu gerührt, so ist der Creme fertig. Ehe der Creme gemacht wird, hat man die Apricosen schon dünne abgeschält, in Hälften geschnitten, den Stein herausgemacht und aus diesem den Kern; die Apricosen mit Wein, Zucker, Canehl und Citronenschaale behutsam gekocht; so wie sie mürbe werden, herausgenommen und die Sauce noch einkochen lassen, daß sie dicke wie Syrup ist; dann auf die Apricosen gegeben, den Creme über die Apricosen gegeben und dann mit einander in die tiefe Saladiere gegeben, den Creme über die Apricosen gefüllt, die Saladiere in eine vorher schon gewärmte Tortenpfanne (Salz auf den Boden, daß die Saladiere nicht berstet) gesetzt, $\frac{1}{2}$ Stunde langsam, (unten mehr Feuer, wie oben) gebacken. Wenn es gelbbraun und gahr ist, gleich warm zur Tafel gegeben, sonst fällt es wieder. Je lockerer dieser gebackene Auflauf ist, desto besser ist er gerathen; gelblich von Farbe muß er seyn. In der Saladiere, worin er gebacken worden, wird er angerichtet. Man muß ja nicht vergessen, Salz in die Tortenpfanne zu legen auf den Boden, und da die Saladiere aufgesetzt, um

das

Bersten oder Zerspringen zu verhüten. Von Kirschen, woraus die Steine gemacht sind, so auch von Pflaumen, wovon die Haut abgezogen, die Steine herausgemacht, und von Aepfeln (Pepping oder Borsdorfern) kann dieser Auflauf auch gemacht werden.

Eyerkäse.

2 Maaß süße ungeröhmte Milch,
 auf einem Stücke Zucker die Schaale von
 2 Citronen abgerieben;
20 Eyer (von 10 das Weiße zurückgelassen), solche ganz klein geschlagen, die Milch und Zucker, daß es süß genug wird, dazu gegeben, in einen Schließkessel mit Wasser gesetzt und es so $\frac{1}{2}$ Stunde kochen lassen; wenn es dicklich ist, wird es in die gelöcherte Form gegeben, daß die Waddig (Molke) abläuft.

Nun nimmt man das obige von 10 Eyern zurückgelassene Weiße und noch von 5 Eyern das Gelbe dazu, schlägt es ganz klein, gießt dazu 2 bis 3 Quartier Milch, nachdem man benöthigt ist, thut etwas Zucker hinein, setzt es zum Feuer, rührt es beständig, bis es obenauf kocht; dann gleich herunter und noch etwas gerühret, bis es sich abkühlet. Diese
Eyer-

Eyermilch wird nachher, wenn beides kalt ist, zu dem Eyerkäse gegessen, über welchen Canehl beim Anrichten gestreuet wird.

Mandel-Creme.

2 Maaß süßen Rohm oder unabgeröhmte Milch, ganzen Canehl, von einer Citrone die Schaale dünne abgeschält, Zucker so viel, daß es süß genug wird, 9 Loth süße und 3 Loth bittere Mandeln ganz fein gestoßen, mit etwas kalter Milch eben gerührt und zu dem obigen gegeben, auf gelindes Feuer gesetzt und kochen lassen; wenn solches zusammengekocht, giebt man einen schlichten Löffel voll feines Weizenmehl dazu, welches in kaltem Rohm kleingerührt, läßt es damit wieder kochen, und zuletzt rührt man es mit 12 bis 14 Eydottern ab, gießt es durch ein Sieb, daß die Mandeln zurückbleiben, füllt es in Gläser, so ist es fertig. Es wird kalt gegessen.

Ein Milchessen oder Kluster.

Zu einem Quartier süßer ungeröhmter Milch gehören 5 ganze Eyer, etwas Canehl und Zucker nach dem Geschmack (es muß ein wenig süß seyn, weils durch das Kochen verliehrt); die

die Eyer klein gequirlet; die Milch hinzugegossen; dann wird es in eine irdene Melonenform gegossen, welche man in ein Casserol mit kochendem Wasser setzt, [doch nicht so viel Wasser, daß es im Kochen in die Form kommen kann] dann setzt man das Casserol mit der Form aufs Feuer, nur mäßig Feuer darunter, oben auf das Casserol einen Tortenpfannen-Deckel mit Feuer, so lange, bis die Masse steif wird, wie ein Eyerkäse; sodann setzt man die Form hin, daß es kalt wird; hernach kehrt man sie um auf eine Schüssel und sticht dann in jede Reife herunter Citronat. Kalte mit Eyern abgerührte Milch oder rother Wein wird dabei gegeben, oder man ißt ihn so trocken mit Canehl und Zucker.

Mandelmilch.

Zu 2 Quartier Mandelmilch nimmt man 1 Pfund süße Mandeln und etliche bittere, etwa 10 Stück; die Mandeln werden abgezogen und in einem Mörser sehr fein gestoßen mit etlichen Tropfen Wasser, daß sie nicht öhligt werden. Das Wasser wird vorher gekocht, muß aber dann

dann erst wieder ganz kalt werden. Etwas Zucker, Citronenschaale auf Zucker abgerieben, dieses alles nach dem Geschmack; das Wasser allmählig auf die Mandeln gegeben, durch ein starkes dichtes Tuch gerieben und dann in Bouteillen gefüllt.

Vorschrift zu einem Bouding von Milch und Stärke.

2 Quartier süße Milch,
eine Handvoll süße Mandeln, fein gestoßen,
10 Eyer,
10 Loth hallische Stärke;
Zucker nach dem Geschmack.

Die 10 Loth Stärke weicht man mit einem halben Quartier von der Kanne Milch kalt ein. Die Milch läßt man kochen, alsbann nimmt man 10 ganze Eyer, schlägt sie ganz dünne, gießt sie zu der Milch und rührt es beständig, bis es vors Kochen kömmt; giebt dazu eine Handvoll ganz fein gestoßene süße Mandeln und Zucker nach dem Geschmack; dieses Alles in die Milch gethan. Vorher nimt man 10 Loth Stärke, gießt, ehe die Milch kocht, ½ Quartier von der Kanne auf die Stärke, daß sie damit

mit weicht, dann gerührt, bis sie völlig klein ist. Man gießt sie sodann unter beständigem Rühren hinein, läßt sie einigemal mit aufkochen und alsdann in eine irdene Form, die vorher naß gemacht worden, hinein geschüttet. Beim Anrichten stülpet man es herum, daß die Rundung nach oben kömmt. Man streuet die Form vorher mit Zucker aus.

Es schmeckt im Sommer am besten mit einer Johannisbeer-Sauce; im Winter giebt man eine Sauce von Himbeeressig dabei. Man giebt ihn anstatt Citronenmus oder Creme. Wenn man Himbeeressig zur Sauce nehmen will, verdünnt man ihn mit rothem Wein und Wasser; giebt dazu auf Zucker abgeriebene Citronenschaale, wirft auch einige geschnittene Citronenscheiben und ganzen Canehl hinein. Zur Johannisbeer-Sauce nimmt man frischen Johannisbeersaft mit rothem Wein und Wasser, abgeriebener Citronenschaale, Canehl und viel Zucker; dies kalt vermischt.

Weißer Sillabub.

Man nimt ein Maas Rheinwein, oder recht guten Franzwein, giebt dazu von 6 Citronen den Saft,

Saft, auch von 4 Citronen die Schaale abgerieben, feinen gestoßenen Zucker nach dem Geschmack, ein knappes Maas süßen Flott, der aber nicht zu dünne ist; dies alles durch einander gequirlet, so daß alles mit einander vermischt ist; alsdann wird die Masse in einen tiefen Kump gethan, und mit einer Reiseruthe immer geschlagen, ganz langsam, so kommt an der einen Seite immer der Schaum; dieser wird abgenommen, in Gelee=Gläser gefüllt; einer schlägt immer, und einer nimt den Schaum ab; es darf aber nicht früher als 2 Stunde vor dem Anrichten gemacht werden, sonst fällt der Schaum.

Rother Sillabub.

Man reibet von 2 Citronen das Gelbe auf Zucker, und drückt nachher den Saft dazu; dann werden 2 Gläser rothen Wein, nebst 2½ Gläser süßen nicht dünnen Flott dazu gerührt, langsam mit einer Reiseruthe geschlagen, daß es schäumet; sodann den Schaum in Gläser gefüllt. Dieß ist eine Portion zu 18 Gelee=Gläsern.

Milch=Gelee.

Man nehme für 6 Schillinge (3 gGr.) Hausenblasen, solche geklopft, dann klein geschnitten, mit ein wenig Wasser geweichet, mürbe gekocht, aber im Kochen auf dem Feuer stets gerühret und dann

dann durch ein kleines Sieb gestrichen. Nun nehme man 8 bis 10 Citrohen, reibe die Schaalen auf einem Pfund Zucker ab, gieße dann 2 Quartier süße Milch auf den Zucker und Citronenschaalen, und damit ein wenig stehen laßen; dann drückt man den Saft aus den Citronen und gießt etwas Wein zu dem Saft; hernach setzt man die Milch mit dem Zucker zum Feuer, giebt die Hausblasen dazu, und läßt es recht kochend heiß werden, aber immer auf dem Feuer gerührt, und dann den Wein mit dem Citronensaft auch dazu, so theilet es sich; dann durch einen Geleebeutel gegossen; man muß aber zuvor ihn mit etwas klein geklopften Eyweiß klären und dann einige Tropfen kaltes Wasser zugeben, so klärt er sich besser. Hierauf kann man ihn in Gläser oder Formen geben.

Oder:

1 Quartier Milch, von 6 Citronen die Schaale und den Saft, ½ Pfund Zucker, für 4 Schilling Hausblasen und etwas Wein; dieses eben so wie das vorhergehende gemacht.

Blanc-manger von Milch.

Man nehme für 4 Schilling Hausblasen, solche wie vorher wohl geklopft, klein geschnitten, geweicht, gekocht und stets gerühret, bis sie mürbe ist; dann ein Quartier süße Milch, ein halb Pfund ganz fein gestoßene Mandeln, nebst etlichen chon bitteren darüber; dann auch Zucker, Canehl und Citronenschaale, alles ganz daran gethan, und mit den Hausenblasen zusammen durchgekocht, aber immer auf dem Feuer gerührt; hernach ganz stark durch ein Sieb gestrichen. Die Mandeln müssen so fein gestoßen werden, daß sie sich fast alle mit durchreiben lassen; dann auf eine Schüssel gegeben.

Compot von Aepfeln oder Birnen; weiß, auch roth.

Dazu muß man eine Art Aepfel nehmen, die nicht zu wässerig sind, solche abgeschälet, in der Mitte durchgeschnitten und die Kernhäuser heraus; dann in eine Casserole gethan, und so viel Wasser und Wein darauf, daß sie bedeckt sind; hernach ein gut Stück Zucker nebst ganzem Canehl und Citronenschaale dazu gegeben. Wenn die Aepfel mürbe sind, muß man sie mit der Schaumkelle vorsichtig herausnehmen, dann die Sauce mit einem Stücke Zucker recht einkochen lassen, daß sie wie ein dünner Syrup wird, alsdann selbige übergegossen. Will man sie roth haben, giebt man etwas Johannisbeeren-Gelee daran. Auf diese Weise werden alle Compots von Obst gemacht.

Wein-Gelee zu machen.

Auf 1 Pfund Hirschhorn, welches gewaschen werden muß, werden im Sommer 3 Quartier —
im

im Winter 3½ Quartier kaltes Wasser gegeben, womit es 3 Stunden kochen und anfangs fleißig geschäumt werden muß, so daß etwas mehr wie ein Quartier Hirschhorn-Distance übrig bleibt, welche, wenn sie sich gesetzet, klar abgegossen wird. Alsdann setzt man dieses mit 2 Loth Caneel auf, und läßt es ein wenig kochen, giebt sodann von 5 Citronen die ganz dünne abgeschälte Schaale hinein, ingleichen 1½ Quartier guten Franzwein, ½ Pfund Zucker, von 8 Citronen den Saft. Von 10 Eyern wird das Weiße zu Schaum gequirlet, mit einem Quirl geschlagen, daß es ganz klein in dem Gelee wird. Wenn er dann recht wieder kocht, muß es abgenommen werden. Nun legt man in den Gelee-Beutel etwas von der Citronschaale und dem Eyweiß, damit der Gelee sich besser kläre; anfangs ist er gemeiniglich trübe, muß also so oft durchgegeben werden, bis er klar ist. Will man die Hälfte dieser Portion roth haben, so nehme man ½ Pfund trockene Kirschen, wasche sie und stoße sie ganz klein, gebe von dem fertigen Gelee darauf in einen irdenen Topf; so viel Zucker, daß es süß genug; lasse es zusammen aufkochen, und gebe, nachdem so viel gelber Gelee, wie man haben will, durchgelaufen, diese Masse wieder in den Beutel. Die Couleur kann man nachher nach Belieben mit dem andern Gelee hell oder dunkel machen.

Kartoffeln-Bouding.

Die Kartoffeln werden den Abend vorher abgekocht, nicht zu mürbe; warm die Haut abgezogen und dann kalt werden lassen. Am andern Tage reibt man sie, und von diesen geriebenen Kartoffeln nimmt man ¾ Pfund; giebt dazu ½ Loth bittere, 4 Loth süße Mandeln, ¼ Pfund Zucker, ¼ Pfund frische Butter, 8 Eyer, das Weiße zum steifen Schnee geschlagen; von 1 Citrone die gelbe Schaale, gestoßenen Canehl nach dem Geschmack; die Butter zum Rohm gerührt, die Eydotter nach und nach hinzu, nun die Mandeln und die Citronenschaale, Canehl, Zucker hinzu, auch 3 Löffel voll süßen Flott, dann die Kartoffeln; zuletzt das Eyweiß hinzu, damit durchgerührt, in eine blecherne, mit Butter ausgestrichene, mit Semmelkrumen bestreuete Form gegeben, sogleich in kochendes Wasser gehängen, und 2 volle Stunden gekocht. Es wird mit Wein- oder Kirschsauce gegeben; man kann diesen Bouding auch in einem Reiskuchenform backen.

Wurzeln-Bouding.

Die Wurzeln (gelbe Rüben) werden geschrapet, und dann wenigstens 3mahl in kaltem reinen Wasser tüchtig gewaschen (sonst schmecken sie zu stark), hernach abgekocht. Wenn sie gahr sind, so viel Wurzeln auf der Reibe gerieben, als etwa
2 Mat-

2 Matthier (für 8 Pfenn.) Semmeln ausmachen. Von 8 Eyern das Weiße zu Schnee geschlagen, ¼ Pfund Butter zu Schaum gerührt, etwas Zukker, Citronen und Canehl.

Sauce, so am besten dazu schmeckt:

4 ganze Eyer, 1 Löffel voll feines Mehl bis eingerührt, etwas Wein, Wasser, Canehl, Citronen und Zucker; dies wird mit einer Ruthe auf dem Feuer geschlagen, bis es kochen will, dann über den Bouding gegeben.

Oeufs masqués.

Man nimmt zu einer kleinen Schüssel 8 Eyer [von 2 Eyern läßt man das Weiße allein, und schlägt es zum steifen Schaum]; zu den ganzen Eyern giebt man, wenn solche tüchtig gequirlet sind, ein wenig Salz, Zucker, den Saft von einer halben Citrone, etwas Wasser (etwa 5 Eßlöffel voll), rühret dieses auf dem Feuer als ein Rührey ab, und richtet es so auf der Schüssel an. Wenn dieses geschehen, nimmt man den Schaum von den 2 Eyern, wozu man ein wenig Zucker giebt, und streichet solches mit einem Messer über das angerichtete Rührey, setzet es in eine Tortenpfanne, und giebt oben Couleur.

Eyer-Brod.

Man schneidet, nach der Größe der Schüssel, Sem-

Semmel in Würfeln, und weicht sie in Zucker, Canehl, Citronenschaale, versetzte Eyer und Milch ein; nachdem setzt man einen Rand auf die Schüssel, bestreicht den Boden derselben mit Butter, und giebt das geweichte Brod hinein; ferner schlägt man 3 Eydotter und 3 Eyer klein, rührt solche mit ½ Quartier dicken Flott wohl durch, und streicht sie durch ein Sieb über das Brod; läßt es im Ofen langsam backen, und glaciret es beim Anrichten mit einer glühenden Schaufel.

Orange-Bouding.

6 geraspelte Semmel (das Stück à 4 Pfenn.), von denen die braune Rinde ab- und das übrige in dünne Scheiben geschnitten, thut es in eine Schaale, und gießet 1½ Quartier darauf; dann läßt man es einige Stunden stehen, gießet alle Milch, so nicht in die Semmel gezogen, davon ab, drückt die Semmel mit einem hölzernen Löffel ganz entzwei, daß sie recht fein wird, thut ¾ Pfund geschmolzene Butter in eine Schaale, läßt sie erkalten, rührt sie mit 6 ganzen Eyern und 6 Eygelben nach und nach zusammen, thut eine Handvoll feines Mehl, Zucker und Muscatenblumen dazu, rührt alles dieses mit obiger Masse recht tüchtig durch; alsdann hat man von vier bitteren Orangen [die Orangen müssen dünnschaalig und saftig seyn] die Schaale recht dünne abge-

abgeschält und selbige in Wasser abgekocht; diese Schaale hackt man ganz fein, und thut 2 Hände voll feinen Zucker in eine Casserole, läßt den Zucker zergehen, schüttet die Orangenschaalen hinein, und läßt es etwas damit kochen; giebt nachher etwas von dieser Schaale mit in die Masse; die abgeschälten Orangen legt man auf eine Roste, und brät sie erst ein wenig, schneidet sie mit einem scharfen Messer in Scheiben, legt sie, nachdem man etwas von der Masse in die Form gegeben hat, darauf; sodann giebt man wieder etwas Masse auf, und wieder Orangenscheiben, bis die Form voll ist [2 Finger breit muß an der Form fehlen, zum Aufgehen], läßt ihn 2 gute Stunden backen. — Hernach zieret man den Bouding mit der gehackten Orangenschaale aus, und giebt ihn warm zur Tafel.

>NB. Man kann auch das Mark von den Orangen mit Zucker ganz fein rühren, und zu der Masse geben.

Quäker=Bouding.

Man nimmt ein Quartier süße ungeröhmte Milch, setzt sie mit einem guten Stück Canehl, Vanille, Citronenschaale und Zucker aufs Feuer, läßt sie damit durchkochen; dann nimmt man 8 ganze Eyer; quirlet sie, daß sie schäumen; mit diesen Eyern wird 8 Loth feines Mehl angemengt, mit

mit einander durchgeschlagen, daß Eyer und Mehl eben wird; hernach die kochende Milch allmählig dazu gerühret und so lange geschlagen, bis es kalt ist. Nun bindet man diese Masse in ein dichtes Tuch, welches vorher in kochendem Wasser naß gemacht, ausgewrungen und dann an beiden Seiten mit Mehl bestreuet ist, und läßt es so anderthalb Stunden kochen. Man läßt im Tuche über der Masse soviel Raum, daß sie zum Aufgehen Platz behält [etwa 2 Finger breit]; alsdann das Tuch feste zugebunden, sogleich ins kochende Wasser gelegt, und anderthalb Stunden gekocht. Zur Sauce: Citronen=Creme, oder Mandeln=Kirsch= oder Weinsauce. — Canehl und Citronenschaale werden beim Einrühren herausgenommen.

Macronen=Bouding.

½ Pfund Faden=Macronen,
10 Loth frische Butter,
12 bis 16 Eyer [das Weiße wird zu Schnee geschlagen],
6 Loth feinen Zucker,
4 Loth süße Mandeln auf der Reibe gerieben,
von einer Citrone die gelbe Schaale gerieben;
1 Quartier süße ungerähmte Milch.

Die Milch mit einem Stück Vanille und Canehl aufgekocht, dann etwas Milch abgenommen,

und

und zurückgesetzt, falls etwa die Macronen nicht stark zuziehen sollten, die Macronen entzwei gedrückt und in die kochende Milch gegeben, immer gerührt, daß es nicht klümperig, sondern ein ebener steifer Brey wird. Wenn es zum dicken Brey geworden, wird es vom Fewer genommen, die Butter in den steifen Brey gerührt, biß sie zergangen und mit der ganzen Masse vermischt ist. Dann läßt man es abkühlen, setzt es zugedeckt hin; darauf die Mandeln, Zucker, Citronschaale, Eydotter nach und nach hinzugerührt, daß es ganz eben wird; zuletzt das zu Schnee geschlagene Eyweiß hinzu, und nun in eine Boudingsform (die vorher schon mit Butter ausgestrichen und mit Semmelkrumen bestreuet worden) gegeben, und dann gleich ins kochende Wasser gehangen. Es muß dafür gesorgt werden, daß der Bouding immer kocht, aber daß das Wasser nicht über die Form gehet, sondern 1 Finger breit muß die Form über dem Wasser stehen, sonst kocht das Wasser leicht in die Form hinein. Man muß immer kochendes Wasser in Bereitschaft haben, daß, so wie das Wasser im Kessel oder Grapen, worin der Bouding ist, abkocht, man kochendes Wasser nachgießt, sonst mißräth der Bouding, geht nicht gehörig auf; 3 Stunden lang wird derselbe gekocht.

NB. das Stück Vanille, Canehl nimmt man heraus, wenn der Brey anfängt, dicklich zu werden. Zur Sauce nimmt man Kirschen- oder Ci-
tro-

tronenſauce, die von Citronenſaft, Wein, Eyern, Zucker und Canehl gemacht iſt, oder eine Vanillen=Sauce, die von ſüßer Milch, welche mit Vanille, Canehl, Citronenſchaale und Zucker gekocht wird, dann mit Eydotter abgerührt, daß ſie ründlich wird; Vanille und Canehl herausgenommen, dann abgekühlt, oder warm bei dem Bouding gegeben.

Rockenbrods=Bouding, gebacken.

6 Loth geriebenes grobes Rockenbrod durch einen Durchſchlag gegeben, daß es fein wird; dieſes in friſcher Butter durchgeſchwitzt, dazu ¼ Pfund fein geſtoßenen Zucker, dann läßt man es kalt werden. Wenn es kalt geworden, rührt man es mit 4 zinnernen Eßlöffeln voll ungeröhmter Milch, dann für 2 Gr. Succade, und für 2 Gr. candirte Orangenſchaalen fein geſchnitten, ¼ Pfund ſüße Mandeln, nebſt ½ Loth bittere fein geſtoßen, dazwiſchen gegeben, nebſt ein wenig geſtoßene Nelken, geriebener Citronenſchaale; alles durcheinander gerührt, 6 Eydotter hinzu, und zuletzt das zu Schaum geſchlagene Eyweiß, ſodann in einer präparirten Form eine gute halbe Stunde gebacken. Vanille=Sauce wird dabei gegeben.

NB. Iſt nur ein kleiner Bouding für etwa 4 Perſonen.

Sago-Bouding.

½ Pfund Sago, ½ Pfund frische Butter,
10 Eyer [das Weiße zu Schaum],
von 2 Citronen die Schaale gerieben,
3 gestoßene Zwieback,
gestoßenen Canehl,
8 Loth Zucker.

Den Sago wohl 4mal in kaltem Wasser gewaschen, in süßer Milch steif gekocht, dann abkühlen lassen; die Butter rein ausgewaschen, sie zu Rohm gerührt, dann die Eyer nachgrade dazu gerührt, Canehl, Citronschaale dazu gegeben; dann den Sago, zuletzt das zu Schnee geschlagene Eyweiß, nur eben durchgerührt, in einem ausgeschmierten Reiskuchen-Form bei mäßigem Feuer gebacken.

Gebackener Kartoffeln-Bouding in einer großen Form.

Die Kartoffeln werden gewaschen, nicht zu mürbe gekocht, dann die Haut abgezogen und kalt werden lassen; hernach werden sie auf einer Reibe gerieben, von diesem Geriebenen nimmt man

1½ Pfund geriebene Kartoffeln;
12 Eydotter (das Weiße zu Schnee geschlagen),
12 Loth Zucker fein gestoßen,
12 Loth Butter,

4 Löf-

4 Löffel voll süßen Rahm,
4 Loth fein gestoßene süße Mandeln,
von 1 Citrone die Schaale abgerieben,
1 Quentchen gestoßenen Caneel.

Die Butter wird zu Schmalz gerührt; die Eydotter eins nach dem andern hinzugerührt; dann den Zucker mit den Mandeln, dies durchgerührt, hernach Gewürz, Citronen und die geriebenen Kartoffeln dazu; zuletzt das zu Schnee geschlagene Eyweiß, damit nur eben durchgerührt, und in einer Reiskuchenform gebacken.

Gebackenen Reiskuchen.

Wenn der Reis gewaschen, läßt man ihn mit Wasser aufkochen, dann auf ein Haarsieb geschüttet, daß er ganz trocken wird. Auf 1 Pfund Reis 1 Maaß süße Milch aufkochen, auch 1¼ Pfd. frische Butter schmelzen lassen, und damit durchgerührt; von 8 Eyern das Gelbe dazu gethan, 12 Loth Zucker, von 1 Citrone die Schaale gerieben, Caneel, Salz, das Weiße zu Schnee geschlagen, und zu dem Reis gethan; die Form geschmieret, mit Semmelkrumen bestreuet, und gelbbraun gebacken; doch unten mehr Feuer, wie oben.

Gebackenen Bouding.

Man nimmt für 3 Gr. Semmel, schneidet von

von diesen die gelbe Rinde mit einem Messer ab, und weicht sie in Milch. Wenn sie weich ist, trocknet man sie aus, und läßt ½ Pfund Butter schmelzen, die Semmel dazu, und auf dem Feuer geschmort, daß es zusammen an dem Löffel hängen bleibet; dann von 8 Eyern das Gelbe dazu geschlagen, Zucker, Canehl, Citronenschaale, Salz, alsdann, wenn es gut durchgerührt, das zu Schnee geschlagene Eyweiß dazu in den ausgestrichenen Reiskuchenform gegeben, und gelbbraun gebacken; dann und wann mit Butter oben bestrichen.

Engländschen Bouding.

1½ Pfund Rinder-Nierentalg,
10 ganze Eyer, ½ Nößel ungerőhmte Milch,
6 gute Eßlöffel voll feines Mehl,
eine halbe Muscatennuß,
ein wenig Zucker,
¼ Pfund Corinthen, recht rein gewaschen,
¼ Pfund Rosinen, von welchen die Kerne ausgemacht sind.

Erst das Nierentalg recht fein gehackt, die Eyer dazu geschlagen, und recht klein gerührt; dann das Mehl und das Uebrige hinzugegeben, in einen großen 6 Viertel breiten linnenen Tuch, das mit Butter bestrichen wird, das Angerührte hineingegeben, 2 Daumen breit Platz gelassen, daß er
auf-

aufgehen kann; dann zugebunden, in kochendes Wasser in einen Schließkessel den Bouding gelegt und 5 Stunden kochen lassen; je länger man ihn kocht, desto lockerer wird er. Zur Sauce: Butter- oder Citronen-Sauce. NB. die Masse des dazu gehörigen Mehles kann man nicht genau bestimmen, ohngefähr 4 bis 6 Löffeln voll; dann muß es mit ungekochter Milch nebst den andern Sachen so angemenget werden, daß der Löffel so halb und halb darin stehet; ja in der Kälte angerühret.

Citronen-Bouding.

Von 4 Citronen nimmt man den Saft, reibt elbe Schaale auf Zucker ab, nimmt ½ Pfund ausgewaschene Butter, und 16 Eydotter, rühret solches auf dem Feuer ab, bis die Butter geschmolzen ist; dann ½ Pfund gestoßenen Zucker, und von den 16 Eyern das Weiße zu Schaum geschlagen und zuletzt dazu gegeben. Die Reiskuchenform wird mit Blätterteig ausgelegt, die Masse darauf gegeben, und ein Deckel von Blätterteig darauf gemacht. Er muß sehr geschwinde gebacken werden, und darf nicht stehen wenn er gahr ist.

Eine Sauce von Citronen-Mus wird warm dabei gegeben.

Ein Mehl-Bouding.

8 Lth feines Mehl,
7 Loth Butter,

¾ Quar-

¾ Quartier Milch,
9 Eydotter und von 7 Eyern das Weiße zu
  Schnee geschlagen;
1 Loth bittere Mandeln ganz fein gestoßen,
  von 1 Citrone die Schaale gerieben, Canehl
  und 6 Loth Zucker.

Das Mehl läßt man in der Butter schwitzen, dann giebt man ¾ Quartier Milch dazu, und rührt es über Feuer so lange, bis es sich vom Topfe löset; nun läßt man es kalt werden. Hernach giebt man dazu von 9 Eyern das Gelbe, die gestoßenen Mandeln, Citronenschaale, Zucker, Canehl, rührt es zu einem ebenen Teige, zuletzt das zu Schaum geschlagene Eyweiß hinzugerührt; in eine mit Butter ausgestrichene und mit Semmelkrumen bestreuete Form gegeben, und es zwei Stunden kochen lassen.

Ein sehr guter Citronen-Bouding.

½ Pfund Butter geschmolzen, abgeklärt und
  zu Schaum gerührt;
6 Citronen; 16 Eyer, das Weiße zu Schnee
  geschlagen;
½ Pfund feinen Zucker.

Auf ½ Pfund in Stücke geschlagenen feinen Zucker, wird die gelbe Schaale von den 6 Citronen abgerieben, und etwas Canehl hinzugegeben; der Saft von den Citronen ausgedrückt und auf den Zucker gegossen. Nun die abgeklärte Butter zu Schaum gerührt, nach und nach 16 Eydotter hinzugerühret, den Zucker und Citronensaft auch hinzu. Diese Masse unter beständigem Rühren auf dem Feuer bis zum Kochen gebracht, und wenn dieses kalt geworden, das zum steifen Schaum geschlagene Eyweiß dazu gegeben; hernach in eine mit Butter ausgestrichene Form gegeben und eine halbe Stunde ziemlich schnell backen lassen. NB. nicht eher die Tortenpfanne zu öffnen, bis die halbe Stunde verflossen, sonst fällt die Masse. Man kann ihn mit oder ohne Sauce essen. Man macht ein Kreutz von Schachteln-Holz über die Form, und da einen Bogen Papier übergelegt, so verhütet man, daß es nicht braun wird.

Zwiebacks-Bouding.

24 Zuckerzwiebäcke,
12 ganze Eyer, 3 Dotter,
1 Nößel dicken Flott,
¼ Pfund Mandeln,
¼ Pfund große Rosinen, ¼ Pfund Corinthen,
8 Loth Zucker, 8 Loth Butter; etwas Succade und etwas Salz.

Die Zwiebäcke werden ganz fein gestoßen, in eine irdene Schaale geschüttet, dazu die Butter und die Eyer gegeben, dieses erst ganz eben gerührt, dann das Uebrige nach und nach hinzugegeben, nochmals durchgerührt, in eine ausgeschmierte, mit Zwieback bestreuete Form gegeben,
und

und 2 Stunden kochen lassen. NB. Aus den Rosinen müssen die Kerne gemacht werden. Diese Masse ist zu einer großen Boudingsform; etwa für 12 Personen.

Kirsch = Bouding.

Zwei Maaß ausgekernte Kirschen werden mit 12 Loth Zucker, Citronenschaale und etwas Canehl eingebeizt;

18 Zwiebacke fein gestoßen,

¼ Pfund Butter, ½ Maaß süßen Flott,

von 1 Citrone die Schaale, 9 ganze Eyer,

3 Eydotter, Salz.

Dies alles wird wohl durcheinander gerührt; zuletzt die Kirschen auch hinzu gegeben; (von dem Saft, welcher aus den Kirschen gezogen, nimt man erst die Hälfte, damit die Masse nicht zu dünne wird) in einen Reiskuchenform geschüttet, und eine Stunde backen lassen; unten mehr Feuer als oben.

Plum - cakes.

1 Pfund abgeklärte Butter zu Schaum gerührt;

1 Pfund feinen Zucker; 16 Eyer; von 2 Citronen die gelbe Schaale gerieben;

1 Loth Canehl fein gestoßen,

1 Quentchen Nelken fein gestoßen,

eine

eine Muscatennuß gerieben,
¼ Pfund überzogene Orangenschaale,
1 Pfund Spelz=Mehl,
1 Pfund ausgekernte Rosinen,
1 Pfund Corinthen,
¼ Pfund zerschnittenen Citronat,
¼ Quartier Franzbranntewein.

Die Butter wird geschmolzen, abgeklärt und zu Schaum gerührt, nach und nach von 16 Eyern das Gelbe dazu geschlagen, 1 Pfund fein gestoßenen Zucker, von 2 Citronen die Schaale fein gerieben, dann Canehl, Nelken, Muscatennuß gestoßen — dazu; alles gut durcheinander gerührt; die Orangenschaale, Mehl, Rosinen, Corinthen, Citronat, Franzbranntewein dazu, und jene übergebliebene 16 Eyweiß zu Schnee geschlagen — alles gut durcheinander gearbeitet, und mit dem hohlen Löffel mehr durchgeschlagen, denn gerührt; hernach eine Casserole mit Butter ausgestrichen, und mit Papier ausgelegt; die Masse darein gegeben, und in einem mäßig heißen Ofen beinahe 3 Stunden backen lassen; wenn er etwas erkaltet, umgestürzt, herausgenommen, und an einem warmen Orte oder im warmen Ofen vollends austrocknen lassen.

Gries=Bouding.

Zu ½ Pfund Gries nimmt man 12 Loth frische Butter, ungefähr ein Maas Milch, 6 Eyer, von zweien das Weiße zurück gelassen, von den übrigen

gen vieren das Weiße zu steifem Schaum geschlagen; von 1 Citrone die Schaale gerieben; eine Hand voll süße Mandeln, worunter einige bittere gegeben werden, ganz fein gestoßen; Zucker und Salz nach eines jeden Geschmack. Wenn die Milch kocht, behält man etwas davon zurück, dann wird mit der einen Hand der Gries langsam in die kochende Milch geschüttet, und mit der andern Hand beständig gerühret, [sonst giebt es Klümpern] bis die übrige erst zurückgesetzte Milch nachgegossen ist. Lange kochen darf der Gries nicht, sonst wird er zu dünne; er muß mit der Milch kaum recht kochen, so muß er auch schon vom Feuer herunter, und in einem irdenen Becken abgekühlt werden; ganz kalt muß er erst werden. Die abgewogene Butter wird gleich in die Milch gethan, ehe der Gries hineinkömmt. Die gestoßenen Mandeln, Zucker, Salz und Citronenschaale werden in die Eydotter gerührt; dann der kalte Gries hinzugegeben, und tüchtig durch einander gerührt. Das Eyweiß kommt ganz zuletzt hinzu; dann wird ein Reiskuchenform mit Butter beschmiert und mit Semmelkrumen bestreuet; das Angerührte hineingegeben, und sodann wie ein Reiskuchen gebacken. Man kann Kirsch- oder Weinsauce dabei geben, wie es jedem beliebet.

Bremer Mandel-Bouding.

1 Quartier süße Milch, ¼ Pfund Zucker, Citronenschaale, Vanille, ¼ Pfund fein gestoßene süße

süße Mandeln; dies alles aufgekocht, und wieder mit dem Gelben von 10 Eyern durchgekocht. — Hierauf nimt man 10 Loth hallische Stärke, rührt diese mit etwas Milch klein, giebt sie zu dem übrigen und läßt es nochmahls durchkochen; alsdann kömmt das zu Schaum geschlagene Eyweiß dazu, womit man es auf dem Feuer tüchtig durchrührt. Dann wird es in einen vorher naß gemachten Form oder Kump gegeben, daß es kalt wird (ist nur eine kleine Portion). Zur Sauce nimt man kalte Kirsch-Sauce, entweder von trockenen oder frischen Kirschen; ¾ Pfund trockene Kirschen, die ganz fein gestoßen, mit Citronenschaale, Wasser und Canehl wohl 3 Stunde gekocht, dann durch ein Sieb gegeben; — ½ Quartier Roth-Wein, worein man eine Messerspitze voll fein Mehl rührt, Zucker nach dem Geschmack; mit dem Obigen noch einmal aufgekocht, dann kalt werden lassen.

Chocolade-Bouding.

Ein guter Löffel voll frische Butter wird so lange gerühret, daß sie wie dicker Rohm ist; alsdann 2 in Milch geweichte geraspelte Semmeln (das Stück zu 6 Pfenn.) aufs Feuer gesetzet und gerührt, bis sie klein und die Milch eingezogen ist, sodann zu der Butter 6 Eyerdotter gerühret; nun die Semmeln hinzu — 6 Loth geriebene Chocolade, Citronenschaale, Canehl, Zucker und Salz nach dem Geschmack; zuletzt das von den 6 Eyern zu zu Schaum geschlagene Eyweiß hinzugerührt, dann in einer mit Butter bestrichenen Form, wie einen Semmel=Bouding, 2 Stunden gekocht.

Zur Sauce:

Chocolade mit süßer Milch, Vanille und Eyern abgerührt — oder bloße Milchsauce mit Vanille und Eyern, oder Citron=Sauce.

Bouding von saurem Flott.

¼ Pfund frische Butter zu Schaum gerieben, 2 geraspelte Semmeln, auch allenfalls 3 (für 3 Mgr.) — die Krumen gerieben, 6 Eydotter, das Weiße zu Schnee geschlagen; ½ Quartier sauren dicken Flott, Citronenschaale, Orangenschaale, Zucker, Salz nach dem Geschmack, und Vanille; er muß 3 Stunden kochen. Eine Sauce jeder Art, wie man will, paßt dazu.

Eyer=Klümpe zu backen.

12 Zwiebäcke fein gestoßen, 8 Eyer klein geschlagen, daß sie schäumen; dann 9 Eßlöffel voll Milch hinzugegeben, zu einem weichen Rührey auf dem Feuer abgerührt, zu der Dicke eines dünnen Rockenbreyes, daß keine Stücke darin sind; dann

dann vom Feuer genommen, und kalt gerührt; hernach 4 Loth gewaschene Corinthen, von einer Citrone die Schaale gerieben, Zucker und Canehl nach dem Geschmack. Nun die Zwiebäcke hinzugerühret und einen ebenen Teig daraus verfertiget. Sodann ein Speckbrett mit feinem Mehle bestreuet, von dem angemengten Teige kleine länglichte Fricandellen gemacht, mit Mandeln, die in feine Striemeln geschnitten, bestochen, in Butter in einer Tortenpfanne auf gelindem Feuer wie einen Reiskuchen gebacken. Von dieser Portion werden 11 Eyerklümpe.

Mandelmilch zu machen, die bei großen Thees in kleinen Geleegläsern zum Trinken bei Gebackenem gegeben wird.

Zu 2 Quartier Mandelmilch nimmt man 1 Pfund süße Mandeln und etliche bittere, etwa 10 Stück. Die Mandeln werden abgezogen, und in einem Mörser sehr fein gestoßen mit etlichen Tropfen Wasser, daß sie nicht öhligt werden. Das Wasser wird vorher gekocht, und muß dann erst wieder ganz kalt werden. Etwas Zucker — Citronschaale auf dem Zucker abgerieben; dieses alles nach dem Geschmack. Das Wasser allmählig

auf

auf die Mandeln gegeben, und durch einen starken
dichten Tuch gerieben, und dann in Bouteillen
gefüllt.

Anmerk. Für einen Kranken nimmt man auf
ein Quartier Waſſer eine gute Handvoll Mandeln.

Zehente

Zehente Abtheilung.

Von Confitüren, Säften und eingekochten Früchten.

Apricosen zu trocknen.

Man nehme schöne große Apricosen, wenn sie noch ein wenig härtlich sind, dieselben sauber abgeschälet, in der Mitte von einander geschnitten, den Stein herausgenommen, und gleich in reines kaltes Wasser gethan. So viel Pfund Apricosen man nimmt, so viel Pfund Zucker kann man auch nehmen; denselben gekocht und geläutert, bis er recht dick wird, sodann abgenommen und ein wenig abkühlen lassen; unterdessen die Apricosen aus dem Wasser genommen, ganz trocken ausgeschwenket, in den halb warmen Zucker geleget und so lange stehen lassen, bis der Zucker begin-

beginnet kalt zu werden; dann so zusammn aufs Feuer gesetzet und kochen lassen, daß der Zukker wieder zu seiner vorigen Probe kömmt; hernach abgenommen, zusammen in eine steinerne Schüssel gethan, und eine Nacht in einer warmen Stube stehen lassen; alsdann mit zween Löffeln Stück vor Stück behende heraus genommen, den überflüssigen Zucker behutsam ausgedrücket, selbige auf Schiefersteine gelegt und in einer warmen Stube trocknen lassen. Während sie trocknen, kann man die ausgenommenen Steine aufschlagen, von den inwendigen Kernen die braune Haut abmachen, und sie in die Apricosen stecken.

Aepfel zu trocknen.

Dazu muß man schöne Borstorfer Aepfel nehmen, solche sauber abgeschälet, in der Mitte durch die Kernhäuser herausgeschnitten, und sogleich in reines kaltes Wasser gegeben, dann einen Kessel mit Wasser zum Feuer gesetzet, und wenn es anfängt zu kochen, die Aepfel hineingelegt und langsam gekocht, bis die Aepfel nach Gutdünken durchaus weich sind [aber ja nicht zu mürbe], dann mit einem Schaumlöffel behende herausgenommen und in frisches kaltes Wasser gethan, daß sie ganz darin abkühlen; hernach auf Tücher gelegt, daß sie rein abtrocknen. Man nimmt so viel Zucker, als man nach Proportion Aepfel
genom-

genommen hat, daß sie darinn schwimmen können. Weil der Zucker sehr verkocht, so muß man etwas mehr, als auf jedes Pfund Aepfeln ein Pfund Zucker nehmen; dann den Zucker stark geläutert und eben so gemacht, wie die Apricosen.

Birnen zu trocknen.

Mit den Birnen macht man es so, wie mit den Aepfeln, nur daß man nicht zu mürbe, sondern härtliche Birnen dazu nimmt.

Zwetschen zu trocknen.

Man kann die Zwetschen nehmen, ehe sie zu mürbe werden; von solchen die Haut dünne abgeschälet, dann in kochendes Wasser gethan und ein wenig kochen lassen, daß sie etwas mürbe werden; hernach auf ein Sieb gelegt, daß sie abtrocknen. Nun nach Gutdünken so viel Zucker geläutert, solchen ein wenig abkühlen lassen, und dann die Zwetschen darein gethan, zusammen aufs Feuer gesezt und ein wenig kochen lassen; sodann die Zwetschen mit einer Schaumkelle herausgenommen, und auf eine zinnerne Schüssel gelegt, den Zucker wieder darüber gegossen und etliche Stunden stehen lassen; dann die Zwetschen herausgenommen, irgendwo aufgelegt und in einer warmen Stube trocknen lassen. Man kann einige an einer Seite aufschneiden, den Stein her-

herausnehmen, und diese Zwetsche über eine andre Zwetsche, worin ein Stein ist, kleben, so werden sie groß und schön.

Pfirschen zu trocknen.

Mit den Pfirschen macht man es eben so, als vorher mit den Zwetschen; sie werden aber vorher nicht in Wasser gekocht, sondern nur dünne und sauber abgeschält, auf dem Roste ein wenig durchgehitzt, und dann nur gleich in geläutertem Zucker gekocht. Uebrigens wird es eben so gemacht, wie mit den Zwetschen.

Mandelnteig zu Marcipan.

Man nehme auf jedes Pfund fein gestoßene Mandeln ein Pfund fein geriebenen oder gestoßenen Zucker; dieses zusammen in einen Kessel gethan, und über gelindem Feuer mit einer hölzernen Keule wohl abgerühret, daß, wenn man die Hand daran hält, solches nicht anklebet, so ist es recht [zu trocken und zu heiß muß es nicht abgerührt werden]; dann giebt man es auf einen Backtisch, lässet es abkühlen, und arbeitet es dann ein wenig durch. Man kann ein wenig feine durchgesiebte weiße Stärke und fein durchgesiebten Zucker zusammen mengen, und solches zuweilen, wenn es sich ansetzen will, unterstreuen. Von diesem Teige kann man allerhand Figuren, große und

und kleine, verfertigen, und solches dann nur ganz gelinde ein wenig backen, daß es nur gleichsam trocknet.

Ein Guß auf den Marcipan.

Man nehme von einem oder zwei Eyern das Weiße, solches wohl geklopft, und dann feinen Zucker löffelweise dazu gegeben, und immer gerühret, bis es ein rechter weißer Brey wird; dann ein wenig Citronensaft darein gedrückt, auch den Marcipan auf dem Boden mit ein wenig Citronsaft bestrichen, und dann den Guß auch darein gegeben, mit geschnittener Succade, eingemachten Pomeranzenschaalen und buntem Streuzucker sauber ausgezieret, und hernach getrocknet, so sind sie recht.

Macaronen zu machen.

Man nehme ein Pfund abgeschälte Mandeln, solche sauber abgewaschen und dann wieder trocknen lassen; diese mit ein paar Eyerweiß ganz fein gestoßen, in ein Geschirr gethan, und mit einem Pfunde fein gestoßenen Zucker wohl durchgerühret; hernach von vier oder sechs Eyern das Weiße zu einem steifen Schaum geschlagen, und auch dazu gerühret, wie auch in Würfel geschnittene Succade, solches wohl durch einander gerühret und dann als kleine länglichte Klümpchen auf ruf Oblaten gesetzet, mit fein gestoßenem Zucker besäet, und dann gelinde gebacken.

Zuckerplätchen.

Man nehme zwölf Eyer, nämlich acht mit dem Weißen und Gelben, und von vieren nur das Gelbe allein; diese Eyer schlägt man mit einer steifen Ruthe, bis sie recht dick werden; dann 1 Pfund fein gestoßenen Zucker dazu gethan, und eine halbe Stunde wohl geschlagen; dann ein halb Pfund des besten feinsten Mehls, und ein halb Pfund feine durchgesiebte weiße Stärke dazu gethan und zusammen durchgerühret; hernach auf Papier geleget, groß und klein, wie man will, und dann in einer Tortenpfanne bei gelinder Hitze gebacken.

Mandel-Biscuit.

Ein Pfund abgeschälte Mandeln mit Eyerdottern ganz fein gestoßen, dann 1 Pfund fein gestoßenen Zucker dazu gethan, mit noch ein paar Eydottern wohl durchgerühret, sodann aufgesetzet, mit Zucker besäet, und hernach gebacken.

Zucker-Brod.

Man nehme acht frische Eyer, von solchen das Gelbe klein geschlagen, dasselbe klein gerühret,

ret, und 1 Pfund gestoßenen Zucker nach und nach bei Händen voll hinein gerühret, daß es recht rasch wird; dann auch einen Löffel voll Rosenwasser, Cardamom, Canehl, alles wohl durcheinander gerührt; hernach auch das Eyweiß zu einem steifen Schaum geschlagen und dazu gethan, auch ½ Pfund feines Mehl und ein ½ Pfund fein durchgesiebte Stärke zuletzt behende dazu gerührt, und dann in kleine länglichte blecherne Formen, welche man erst mit Butter bestreichen muß, gegeben und gebacken. Wenn man keine blecherne Formen hat, so kann man papierne Kästchens, von der Größe eines halben Bogens, machen, solche auch mit Butter bestreichen und darin backen. Wenn es gahr ist, so kann man es in Stücke schneiden, wie man es haben will, sodann ein wenig antrocknen lassen und verwahren.

Zucker=Pfeffernüsse.

Man nehme 6 kleingeschlagene Eyer, ein Pfund gestoßenen Zucker; solches wohl durchgeschlagen, hernach mit gutem feinen Mehle nach Gutdünken so dick gemacht, daß man es wälgern und ausrollen kann; dann als einen kleinen Finger dick ausgerollet, und mit einer runden blechernen Form ausgestochen, auf Papier gesetzt, welches mit geschmolzener Butter bestrichen seyn muß, und dann gebacken. Das Feuer darf nur gelinde seyn.

Kleine

Kleine Mandelkränze.

Man thut 2 Hände voll abgeschälte Mandeln in einen großen Mörser, stößt sie klein; dann von 2 Eyern das Weiße klein geklopft, dazu gethan, und auch ein wenig zusammen gestoßen, dann 1 Pfund fein gestoßenen Zucker nachgrade bei Händen voll dazu gestoßen, daß es ein recht steifer Teig wird, welchen man rollen kann; dann solchen auf einen Backtisch gethan, mit etwas fein durchgesiebten Zucker und durchgesiebter Stärke zusammengemenget, den Teig damit ausgerollet, als wenn man kleine Krengeln davon machen will; dieses schneidet man dann in länglichte Stücke, und bieget es rund zusammen, wie einen Ring; auch können mit blechernen Abstechern allerlei Figuren davon gemacht werden, dann in einer Tortenpfanne gebacken; es läuft hoch auf, und sieht gut aus. Die Tortenpfanne muß mit feiner durchgesiebter weißer Stärke bestreuet werden.

Das aufgelaufene Zuckerwerk.

Man nehme ein Loth schönen weißen Dragant, und gieße darauf 3 Loth Rosenwasser, solches eine Nacht geweichet, dann durch ein Tuch gewrungen, in einen Mörser mit einem halben Eyweiß gethan, und dann mit weißem durchgesiebten Zucker etwa eine halbe Stunde lang durchgearbeitet,

daß

daß es ein rechter Teig wird; diesen auf einem Backtisch ferner mit Zucker durchgearbeitet, bis man ihn wälgern und rollen kann; sodann ausgerollet, in kleine Formen oder Modelle gedrückt, und in einer Tortenpfanne unten und oben mit Feuer gebacken, aber ja mit mäßigem Feuer, weil sonst der Zucker verschmilzet und zu braun wird; auch muß man viel Stärkmehl unten in die Tortenpfanne streuen, sonst gehet es nicht gut heraus.

Johannisbeeren zu überzuckern.

Man nehme nach Gutdünken etwas Zucker und ein wenig Johannisbeerensaft, dieses in einem irdenen flachen Casserol gekocht, bis es ziemlich dick wird; dann rechte schöne Sträuschen Johannisbeeren dahinein getunket, geschwind wieder herausgezogen, und in feinem weißen durchgesiebten Zucker umgewälgert, daß sie ganz weiß werden; hernach aufgehänget, daß sie trocknen. Man muß sie aber gleich verbrauchen.

Kirschen zu überzuckern.

Man nehme schönen weißen Zucker, läutere ihn und koche ihn so steif, daß er gleich hart wird, wenn man einen Tropfen auf einen Teller fallen läßt; dann schöne frische Kirschen, eine nach der andern, hinein getunket, geschwinde wieder heraus.

ausgezogen und aufgehänget, daß sie trocknen. Sie müssen auch so frisch gebraucht werden.

Berberitzen-Saft.

Man zerdrückt die Berberitzen, wenn sie im October reif sind, in einer hölzernen Molde mit einer hölzernen Keule zu Mus, läßt sie eine Nacht stehen, und drücket hernach in einem leinenen Beutel den Saft aus, läßt ihn einige Tage stehen, bis er klar wird, gießt ihn hierauf in Bouteillen, und obenauf ein wenig Baumöhl, so hält er sich im Keller Jahre lang. Dieser Saft kann sowohl bei Gelees, als auch bei andern Speisen die Stelle des Citronen-Saftes vertreten.

Himbeeren-Essig.

Aus 4 Pfund Himbeeren wird der Saft vermittelst eines Gewichts herausgepreßt; der Saft gewogen; so viel Zucker als Saft. Auf den von 4 Pfund erhaltenen Saft nimt man ein Maas scharfen Weinessig, kocht ihn bei gelindem Feuer, füllt ihn in Bouteillen, verkorkt sie aber erst nach einigen Tagen, und verpicht sie.

NB. Um den Himbeeressig recht klar zu haben, kann man ihn durch Löschpapier in die Bouteillen filtriren; oder man klärt ihn mit Eyweiß, auf 2 Pfund Saft und 1 Quartier Essig von 4 Eyern das Weiße zu Schaum geschlagen, und zuletzt damit geklärt. NB. ist nur eine kleine Portion.

Kirschen-Extract zu machen.

Man stößt die Kirschen recht klein, und lässet sie die Nacht über stehen, alsdann drückt man sie durch ein Tuch, und nimmt auf 3 Pfund Kirschensaft 2 Pfund feinen durchgesiebten Zucker; dieses wird so lange gerührt, bis der Zucker völlig aufgelößt ist; dann in kleine Bouteillen gegeben, in den Keller oder sonst an einen kühlen Ort gesetzt, nicht zugekorkt, sondern ein Stück Speck darauf gesteckt, oder auf jede Bouteille 2 Tropfen Zimmt-Oehl gegeben, damit es nicht aufbrauset.

Gekochten Johannisbeerensaft.

1 Pfund ausgepreßten Johannisbeersaft, 1 Pfd. feinen durchgesiebten Zucker; den Zucker auf sehr gelindem Kohlenfeuer in einem messingenen Kessel unter beständigem Rühren gebrennt, bis er wie heißer brennender Sand sich anfühlen läßet. Nun nimmt man den Zucker vom Feuer und gießt den Saft unter gelindem Rühren zu dem Zucker; hernach wieder auf Kohlen gesetzt, und unter langsamen Rühren einigemahl aufkochen lassen, sodann vom Feuer abgenommen, abgeschäumt und in Tassen gegeben. Den andern Tag mit Papier in Franz-

Franzbranntewein getunkt verwahrt und zugebunden.

Anmerk. zu Himbeerſaft wird ¼ Pfund Zucker weniger genommen, und derſelbe ein wenig länger gekocht.

Rohen Johannisbeerſaft.

1 Pfund Zucker fein durchgeſiebt, 1 Pfund Saft in einer irdenen Schaale mit einem hölzernen Löffel eine Viertelſtunde nach einer Seite gerührt, nun den Zucker allmählig hinzugegeben, und damit eine Stunde nach einer Seite gerührt, dann gleich in Taſſen gegeben.

Lavendel-Eſſig.

Von den Lavendeln werden die Knospen, ehe ſie aufblühen, abgepflückt, eine 2 Maas-Bouteille faſt bis an den Hals damit angefüllt, ein Loth Gewürznelken hinzugegeben und ſo viel Weineſſig, daß die Knospen ganz bedeckt ſind; zugekorkt, im Fenſter an der Sonne deſtilliren laſſen. Nach 14 Tagen, wenn der Eſſig hinlänglich Sonnenwärme gehabt hat, und wie alter Franzwein ausſieht, giebt man dieſen erſten Aufguß in eine andere Bouteille, korkt ſie feſte zu, bindet Blaſenhaut darüber und hebt ſie zum Gebrauch auf. Auf die zurückgebliebenen Knospen und Nelken wird wieder friſcher Weineſſig gegoſſen, wie das erſtemal an der Sonne deſtilliret; das zweitemal kann man

man sie 4 Wochen stehen lassen. Der zweite Aufguß bleibt auf den Knospen stehen.

Kirschen-Essig.

Es müssen die schwarzen sauren Kirschen seyn; werden mit den Steinen gestoßen und durch einen Tuch fest ausgewrungen. Auf 4 Pfund Saft nimt man 3 Pfund Zucker, und ein Quartier Weinessig; selbiges wird eine gute halbe Stunde gekocht und abgeschäumt, dann durch Löschpapier laufen lassen. Wenn der Essig kalt wird, in kleine Bouteillen gegeben, fest zugekorkt und verpicht, in einen kühlen Keller auf Holz gelegt und aufbewahrt.

Birnen in Essig einzukochen.

Eine halbe Viertels-Metze Bergamotten-Birnen, an denen man die Stiele sitzen läßt, werden geschält, in einem vollen Kessel mit kochendem Wasser einigemahl übergekocht, dann die Birnen herausgenommen, daß sie kalt werden; nun werden 3 Quartier Weinessig, 1$\frac{1}{2}$ Pfund feinen Zucker, ganzen Caneel in Stücke gebrochen, ganze Nelken, aufgekocht, abgeschäumt, so kochend auf die Birnen gegeben, die vorher in einen Steintopf eingepackt sind; nach einigen Tagen den Essig abgegossen, aufgekocht, und wieder kochend auf
die

die Birnen gegeben, dann den Topf mit starkem Papier zugebunden.

Senfbirnen einzumachen.

Die dicken großen Birnen müssen aber ja inwendig noch nicht mehligt seyn; sie müssen vom Baum gebrochen, nicht geschüttelt seyn; dann werden die Birnen gahr gekocht, nicht zu weich, daß sie nicht platzen; dann nimt man solche behutsam heraus, legt sie auf reines Stroh; wenn sie abgekühlt sind, sticht man die Blumen oben heraus, legt die Birnen in Steintöpfe, giebt dazu etwas Weinessig, scharfen Senf und beinahe die Hälfte Brunnenwasser, auch wohl einige große Schlehen, rührt dies alles durcheinander; giebt es auf die Birnen, bindet die Töpfe mit Blasenhaut zu, schüttelt alle Tage die Töpfe um, daß die Sauce allenthalben überkommt, so halten sich die Birnen lange.

Hagebutten mit Essig und Zucker.

1½ Pfund Hagebutten, woraus die Kerne rein ausgemacht sind; 1 Pfund feinen Zucker, ¼ Quartier Weinessig. Den Zucker mit dem Essig geschmolzen, dann zu einen Syrup langsam gekocht, daß er zwischen den Fingern einen Faden zieht, dann die Hagebutten hineingeschüttet, sie gekocht, daß sie klar aussehen; mit einer Spicknadel Stück vor Stück herausgenommen, weiß sie mit dem Löf-

Löffel leicht rühren, in ein Zuckerglas gelegt, und wenn der Syrup die gehörige Dicke hat, ihn abkühlen lassen, und dann darüber gegossen.

Kirschen in Essig.

1 Nößel Weinessig, 1 Pfund feinen Zucker, ½ Loth Canehl, in Stücke geschnitten, 1 Quentchen Nelken.

3 Pfund schwarze saure Kirschen, von den Stengeln abgemacht, in Gläser geschüttet, mit dem Gewürze den Essig mit dem Zucker aufgekocht, geschäumt, und wenn er kalt ist, auf die Kirschen gegeben. Nach 4 oder 6 Tagen gießt man den Essig wieder ab, kocht ihn und schäumt ihn wieder wie zuerst; dann kalt werden lassen, auf die Kirschen gegossen, mit Blasenhaut zugebunden, und an einem kühlen Orte verwahrt.

Zwetschen mit Essig einzumachen.

Hiezu werden gute reife Zwetschen genommen, an denen die Stiele noch sitzen. Zu 6 Pfund Zwetschen nimt man 3 Pfund Zucker, 1 Quartier guten Weinessig, 1 Loth Canehl, 1 Loth Nelken, welche aber ganz bleiben müssen. Die Zwetschen werden, wenn sie rein abgewischt sind, zuvor 4 bis 5 mahl mit einer Nähnadel gepricket, und sodann in einen irdenen Topf geleget, sodann wird das Gewürz, wenn der Canehl etwas

R klein

klein gehackt, mit dem Zucker und Essig in einem
verzinnten Casserol gekocht, mit geklopftem Eyweiß
gekläret und alsdann so heiß, als nur immer möglich, auf die Zwetschen gegossen, den Topf so
gleich zugedeckt, und 24 Stunde stehen lassen,
hernach den Essig abgegossen, wieder aufgekocht
und so heiß als möglich auf die Zwetschen gegossen und zugedecket, sodann wieder 24 Stunden
stehen lassen; zum Drittenmahle aber wieder die
Zwetschen mit aufgekocht, und nachdem solche
24 Stunden gestanden, in Gläser gefüllt, fest zugebunden und an einem kühlen Orte aufbewahrt.

Zwetschen mit Senf eingemacht.

Die Zwetschen werden in einem verschlagenen
Backofen ein wenig gewelkt; dann nimt man, nach
Proportion der Zwetschen, ein dazu benöthigtes
Quantum präparirten Senf; Weinessig und
Honig nach Gutdünken; vermischt selbiges mit einander, kocht es zusammen auf, läßt es wieder kalt
werden, legt die Zwetschen in einen Steintopf,
gießt die kalt gewordene Sauce darauf, schüttelt
es mit den Zwetschen ein wenig durch, und verwahret die Töpfe mit Blasen. Zuweilen müssen
sie durchgeschüttelt werden, so halten sie sich lange.

Marmelade von Stickbeeren.

Die Stickbeeren (Stachelbeeren) werden so
grün abgepflückt, wie man sie zum Einmachen nimt,
die

die Blumenstiele abgepflückt; dann werden sie mit wenig Wasser ganz gahr gekocht, daß sie wie ein dicker Brey werden; hernach werden sie durch ein Sieb gegeben. Auf jedes Pfund Marmelade ½ Pfund fein durchgesiebten Zucker; dieses mit einander unter beständigem Rühren so lange gekocht, daß es ganz dick wird, dann in ein Glas gegeben, und mit Blashaut zugebunden.

Rothe Glaskirschen in Zucker einzukochen.

Zu einem Pfund Kirschen (ohne Steine gewogen) nimt man 28 Loth fein gestoßenen, mit ein wenig Wasser angemengten Zucker, läßt diesen erst schmelzen, dann zum Feuer gesetzt, und gemächlich kochen lassen. Wenn nun der Syrup gehörig dick ist, nimt man ihn vom Feuer, die Kirschen hinzugethan, und damit durchgerührt, wieder aufs Feuer gesetzt, und behutsam gekocht. Wenn die Kirschen klar aussehen, nimt man sie mit einer kleinen Schaumkelle heraus, kocht den Saft, bis er die gehörige Dicke hat; wenn er etwas abgekühlet, giebt man ihn über die Kirschen; den andern Tag in Confect-Gläser gegeben, mit Blashaut zugebunden und an einem kühlen Orte verwahrt.

Quitten einzukochen.

Die Quitten werden, wenn sie gehörig gesäubert sind, ungeschälet mit kaltem Wasser aufs Feuer

Feuer gesetzt, und wenn sie nachgrade heiß werden, oft mit einem hölzernen Löffel niedergedrückt, und auf andere Stellen geworfen. Wenn sie nahe vor dem Kochen sind, so daß sie schon anfangen zu kochen, nimt man sie heraus, und legt sie gleich in einen Eimer mit kaltem Wasser; denn die Schaale darf nur durchgehends heiß seyn. Dann habe ich vorher den Zucker schon abgewogen, gegen die rohen Quitten, nach Augenmaaß für den Abfall der Quitten-Schaale etwas Zucker abgerechnet. Dann gieße ich von dem Wasser, worin die Quitten aufgewellt worden sind, auf 3 Pfund feinen Zucker 1 Quartier, gut gemessen, kläre den Zucker, alsdann die Quitten geschält, halb durchgeschnitten, das Kernhaus herausgestochen, und nun die Quitten mit dem Kernhaus in den geklärten Zucker geworfen, dann aufs Feuer gesetzt, damit sie anfangen langsam zu kochen, denn sonst kochen sie entzwei; den Schaum vorsichtig abgenommen, hernach können sie etwas stärker kochen. So wie sie roth und klar werden, nimt man sie einzeln heraus, legt sie auf eine flache Schüssel und läßt den Syrup nachkochen, bis er dicklich wird. Das, was auf der Schüssel zusammen läuft, gießt man zu dem Syrup, daß es damit durchkocht. Die Quitten werden in die Gläser geleget, der abgekühlte Syrup durch einen Durchschlag gegeben und alsdann auf die Quitten vertheilet. Die Kernhäuser werden in ein Glas allein gelegt und von dem Syrup darüber gegeben;

diese

diese geben dem Aepfel- und Birnen-Compott einen guten Geschmack.

Grüne wällsche Nüsse einzumachen.

Wenn die Nüsse wie Vogeleier groß sind, müssen sie abgepflückt werden. Man gießt hierauf 8 Tage hintereinander täglich zweimahl reines Wasser darauf und läßt sie dann in fließendem Wasser nur eben aufkochen, daß sie weich werden. Nun läßt man sie kalt werden, trocknet sie ab, und spickt sie mit Nelken und Canehl. So schwer die Nüsse sind, so viel Zucker nimt man, und kocht ihn mit etwas Wasser und Eyweiß durch, schäumt ihn gut ab, läßt es klar kochen, wirft die Nüsse hinein, läßt sie eben darin durchkochen, nimt sie nun wieder heraus, und thut sie in ein Glas. Den Zucker kocht man so lange nach, bis er recht dick ist, und gießt ihn über die Nüsse. Wenn der Zucker nach 8 oder 14 Tagen wieder dünne geworden ist, gießt man ihn ab, kocht ihn mit einem Stück Zucker wieder dick, und giebt ihn darauf; dann werden sie fest zugebunden und gut verwahrt. Zuweilen sieht man darnach, und schüttelt es um.

Marmelade von Borsdorfer Aepfeln.

Man reibet so viel geschälte Borsdorfer Aepfel auf einer Reibe [aber ja nichts vom Kernhaus mit hin-

hinein], daß man 5 Pfund Geriebenes hat. Hiezu giebt man 1½ Pfund gestoßenen durchgesiebten Zucker, rührt es durcheinander, giebt es in eine Casserole, setzt es aufs Feuer, und läßt es unter beständigem Rühren eine Stunde kochen; dann giebt man von 2 Citronen die dünne abgeriebene Schaale hinzu und von zweien den Saft, läßt es damit wieder ¾ Stunde kochen. Es muß vorsichtig vom Grunde auf stets gerührt werden, sonst brennt es an. Wenn es sich dann vom Boden ablöset oder nicht mehr nässet, wenn man darauf fühlt, so ists fertig; dann legt man Papier in einen Schachtel-Deckel, und schüttet es dahinein. Wenn man es brauchen will, schneidet man es in dünnen Striemeln ab; es hält sich Jahr und Tag.

Apricosen in Zucker.

Die Apricosen werden abgenommen, wenn sie recht reif, aber noch nicht zu mürbe oder weich sind, werden halb durchgeschnitten, die Steine herausgenommen und geschält; dann gewogen [so schwer Frucht, so schwer Zucker]. Der Zucker wird gestoßen, die Apricosen in einen porcellainen Cump gegeben, daß die offene Seite oben kömmt; dann wird der gestoßene Zucker darauf gestreuet, immer eine Schicht um die andere [eine Schicht Apricose, eine Schicht Zucker], bis der Zucker darauf gestreuet ist; hernach werden sie zugedeckt, und eine Nacht hingesetzet; den andern

Mor-

Morgen schüttet man die ganze Masse, so wie es ist, in ein verzinntes Casserol, setzt es zum Feuer, und kocht auf ganz gelindem Feuer die Apricosen in dem gescholzenen Zucker gahr. Sie müssen nicht zu weich, aber doch gahr seyn; dann nimmt man sie mit einer Schaumkelle heraus, und läßt die Brühe so lange kochen, bis sie wie ein Syrup wird. Demnächst werden die Apricosen in ein Zucker=Glas gegeben und der Syrup warm dar= über gegossen. NB. die Steine werden vorsich= tig aufgeschlagen, daß der Kern ganz bleibt; die Haut abgezogen, den Abend auf die eingezucker= ten Apricosen gelegt, und nicht eher hineingegeben, bis der Syrup bald dicklich genug; dann nur ei= nige Minuten die Kerne darin durchgekocht, gleich herausgenommen, und zwischen die Apricosen ge= legt. Wenn die Apricosen völlig kalt [etwa nach 12 Stunden], legt man ein Wachspapier darauf, bedeckt den Topf mit Papier, bindet Blashaut dar= über, und verwahrt sie an einem kühlen trocken Ort.

Pfirschen werden nach obiger Vorschrift auch eingekocht, nur muß die Sauce davon einigemahl abgegossen und wieder aufgekocht werden, weil diese sich immer wieder verdünnet. Die Aprico= sen pflegen dies nicht zu thun, wenn sie beim er= sten Einkochen getroffen werden. Bei den Pfir= schen kann man die Kerne nicht gebrauchen. NB. Um das Aufgähren zu verhüten, gießt man beim Einkochen ein wenig Franzbranntewein zu den Früchten.

Marmelade von Wallnüssen.

Man nimt 3 Schock Wallnüsse, zieht die Haut davon ab, stößt sie fein wie Mandeln [sie müssen aber nicht öhlen, deswegen muß etwas Rosenwasser darauf gesprengt werden]; kocht 2 Quartier süßen Rahm auf, und thut die gestoßenen Wallnüsse darein. Hierauf nimt man 4 Stück Hausenblasen, schlägt sie klein, läßt sie in wenig Wasser kochen bis sie zergehen [sie müssen aber stets gerührt werden, daß sie nicht anbrennen]; wenn solche zergangen, giebt man sie zu dem Rahm, und Zucker, daß es süß genug schmeckt; kocht es mit einander durch, alsdann wird es durch ein Haarsieb recht durchgerieben, in einen Bisquit-Form gegeben, daß es kalt und steif wird. Sodann wird die Form in kaltes Wasser gehalten, alsdann auf eine Schüssel gestülpet, und mit einigen Spelten ausgemachten Wallnüssen garniret.

Unreife Melonen einzumachen.

Die Melonen werden dünne abgeschälet, in 4 Theile geschnitten, die Kerne herausgemacht, alsdann 14 Tage in Söhle gelegt, hernach so lange in frisches Wasser gelegt, bis gar kein Salz mehr darin ist; dann in geläutertem Zucker übergekocht, den zweiten Tag den Zucker abgegossen, und wieder aufgekocht, daß alles Wässrige davon kommt; etwas abkühlen lassen und dann auf die

Melo=

Melonen gegeben. Will man die Melonen trok=
ken haben, so werden sie alsbann herausgenommen und unter dem Ofen auf Papier getrocknet;
so können sie sich lange halten; auch wenn sie in
in Zucker liegen bleiben, halten sie sich 2 Jahre.

Eilfte Abtheilung.
Von Anordnung der Tafeln.

Da jedes junge Frauenzimmer es nothwendig verstehen muß, eine Tafel mit gut ausgewählten Speisen zu besetzen: so habe ich einige Tischaufsätze hier mitgetheilt. Jede gute Wirthin muß hauptsächlich darauf bedacht seyn, ihren gewöhnlichen Tisch mit gehörigen Abwechselungen anzurichten; denn man ißt sich die besten Speisen zuwider, wenn man sie zu oft erhält, oder sie nicht zusammen passend gewählt werden. Daher muß man sich vorsehen, zu einer Mahlzeit nicht blos Geflügel oder nur eine Sorte Fleisch zu wählen; je mehr Abwechselung, desto geschmackvoller ist es. Des Mittags wählt man gewöhnlich Fleischsuppe; des Abends nimmt man lieber eine süße Suppe;

Fleisch und Gemüse muß man auch so wählen, wie es zusammen paßt. — Savoyer Kohl und frisches Rindfleisch; brauner Kohl mit geräucherten oder gesalzenen Sachen, wie Gänse, Schweinefleisch; Rüben mit Hammelfleisch; Wurzeln mit Cottlets, auch Bratwurst; Linsen mit Knapwurst; Erbsen mit Rothwurst, auch Schweinekopf; Blumenkohl und Petersilienwurzeln mit jungen Hühnern; grüne Erbsen mit Lachs, Metwurst, Scholen. Es läßt sich hierbei etwas durchgehends Gewisses nicht bestimmen, denn es wird beinahe keine Haushaltung seyn, die nicht ihre besondern Gebräuche hat; — für jede gute Wirthin ist es eine nothwendige Pflicht, selbst die Aufsicht über den Vorrath in ihrer Speisekammer zu übernehmen, damit die Speisen sowohl, wie die trocknen Sachen, an guten Oertern verwahrt werden, wo sie keinen dumpfigen Geschmack annehmen können. — Beim Kochen der Speisen muß man dafür sorgen, daß sie nicht räucherigt werden, welches leicht geschehen kann, wenn die Töpfe nicht mit gehörig passenden Deckeln versehen sind, oder wenn man nasses Holz brennt; auch wenn man während dem Kochen mit einem Löffel, welcher vor dem Rauche nicht in Acht genommen worden, darinnen rührt, wie auch, wenn die Flamme in die Töpfe schlägt. — Bei Fleischspeisen muß man sich alle Mühe geben, sie gut zu kochen, hauptsächlich sauber zu schiren und gehörig abzuschäumen; auch muß immer von der besten Sorte Fleisch nehmen; denn

denn bei schlechtem zu geringerem Preise ist kein Vortheil, weil es, statt zu quellen, einschrumpft, auch nicht so gute wohlschmeckende Bouillon giebt. — Die Vorkosten müssen reif und frisch seyn; denn, zum Beispiel, grüne Erbsen, die an dem Tage, da man sie kochen will, gepflückt worden sind, schmecken weit besser und süßer, als wenn sie einige Tage zuvor gepflückt worden sind. — Gute Ordnung, saubere Zubereitung der Speisen, ist eine Hauptsache für jedes junge Frauenzimmer, welches auf Rechtlichkeit Anspruch macht; — auch ist es Pflicht für eine Hausmutter, daß sie, so viel es ihr möglich ist, auch ihrem Gesinde gutgekochte Speisen giebt; die Leute werden weit fleissiger und achtsamer seyn, wenn sie sich eine gute Behandlung versprechen können.

Zwölfte Abtheilung.

Vom Einschlachten, Einpökeln und Räuchern des Fleisches.

Vom Einschlachten des Rindviehes.
Auf dem Lande in einem großen Haushalte ist es sehr vortheilhaft, Ochsen und Kühe einzuschlachten, da man den Abfall fürs Gesinde sehr gut nutzen kann; aber in einem kleinen Stadthaushalte ist kein großer Vortheil dabei, und man thut besser, wenn man zuweilen ein gutes Stück Rindfleisch von der Brust oder Rippen kauft und es 14 Tage in Salz mit etwas

etwas Kistenzucker und Salpeter legt; auch kann man nach Hamburger Weise eine schöne Rinderbrust 8 Tage in Salz legen, sie zuvor mit etwas Kistenzucker und Salpeter einreiben, und sie dann 8 Tage in gelinden Rauch hängen. Noch eine andre Art ist folgende: man setzt ein gutes Stück Rindfleisch mit kaltem Wasser in einem Kessel aufs Feuer und läßt es eine Viertelstunde kochen, dann nimmt man es heraus und bereibet es, so heiß man die Hand daran leiden kann, mit Salz und etwas Salpeter, und legt es, wenn es kalt geworden, in ein hölzernes Faß, streuet Salz und Salpeter auf den Boden und über das Fleisch, legt einen Boden darauf und beschwert es gut mit Steinen. Wenn man es fleißig begießt, ist es in einigen Tagen gut; will man es räuchern, so läßt man es nur 24 Stunden auf diese Art in Salz liegen, dann umwickelt man es mit Papier und hängt es in Rauch, so wird es eben so schön wie Hamburger Rauchfleisch.

Vom Einschlachten der Schweine.

Bei den Schweinen kommt sehr vieles auf gute Mast an; Schrot von Korn, Kartoffeln,

Bohnen, Erbsen geben gute Mast. Wenn das Schwein gebracht wird, so läßt man es den Tag ruhig im Stalle und schlachtet es erst am andern Tage, giebt aber demselben noch oft Wasser und Kleye zu trinken. Am Morgen, wenn es gestochen wird, fängt man das Blut unter beständigem Rühren in einer Molde auf; alsdann wird das Schwein gebrühet, aufgehangen und aufgeschnitten. Das Wellfleisch wird etwas eingewässert und oft rein abgewaschen. Die Därme werden, indessen das Fleisch kocht, mit Salz und einem neuen Besen rein abgeschleimt und in kaltes Wasser gelegt. Wenn das Bauchfleisch, die Leber, der Magen und der Kopf genug gekocht sind, so wird das Bauchfleisch verlesen; das magere weiße wird zur Knapwurst und das fette in Würfeln geschnitten und zur Rothwurst genommen; die Leber kleingehackt, durch einen Durchschlag gerieben und etwas zur Leberwurst gegeben, das andere zur Rothwurst. Zur Leberwurst kömmt, außer der durchgeriebenen Leber, Fett, Wurstkraut, Kümmel, Gewürz und Salz; diese Würste werden gekocht und auf reines Stroh gelegt; zu den Blutwürsten giebt man das Blut durch einen Durchschlag; thut das geschnittene Bauch=

Bauchspeck, etwas Leber, Gewürz, Wurstkraut und Salz dazu. Die Blutwürste müssen
beim Kochen sehr in Acht genommen werden.
Wenn man sie in den Kessel geben will, so
gießt man etwas kaltes Wasser dazu, alsdann
läßt man sie sachte kochen und probirt sie mit
der Gabel; wenn kein Blut mehr herauskommt,
so sind sie gahr und werden in kaltem Wasser
abgespült und dann auf einen Tisch auf reines
Rockenstroh gelegt. Die großen Blaswürste
müssen gelinde gepreßt werden, sonst bleiben
sie leicht hohl im Räuchern und verderben; die
Zunge kann, mit Nelken gespickt, in die größte
Blutwurst gesteckt werden. Grützwurst wird
auf folgende Weise gemacht: man nimmt gute
Hafergrütze, kocht diese in Wasser weich, thut
dazu geschnittene Citronschaale, Gewürz, Wurstkraut und geschmolzenes Fett; füllt die Därme
damit dünne an und kocht sie in der Wurstbrühe
gahr. Zu der Knapwurst hackt man das magere Bauchfleisch ganz fein, giebt geschwitzte
feingehackte Zwiebeln nebst Gewürz, Salz und
wenig Thymian hinein, mengt alles wohl durcheinander und stopft dies in die engsten Schweins-
därme, wellt sie einmal auf, läßt sie in reinem
kaltem Wasser steif werden und legt sie in einem
feuch-

feuchten Laken auf einen Tisch mit Stroh, auseinander. Wenn man am zweiten Tage das Schwein einhacken läßt, so schneidet man die Schinken und das lange Bein ab, löset den Schlußknochen heraus und reibt die Schinken an den Knochen mit Salz, Pfeffer und Salpeter ein. Ist das Schwein stark, so schneidet man die Schulterblätter von den Speckseiten ab und reibt die Schulterblätter an den Knochen auch mit etwas Pfeffer und Salpeter ein. Die Speckseiten, Schinken, Köpfe und Schulterblätter werden alsdann in einem breiten Fasse eingesalzen; das Fleisch zu den Metwürsten und Bratwürsten wird von dem *mageren* Fleische geschnitten. Die Mürbebraten kann man mit zur Bratwurst nehmen, auch sie schmoren und ein Gericht davon machen. Von den Rippen kann man einen Braten machen, der am Spieß mit einer Kruste gebraten wird. Das Fleisch zur Wurst wird recht fein gehackt, nachdem man vorher alle Sehnen rein herausgesucht hat. Zu den Metwürsten wird nichts als grob gestoßener Pfeffer und Salz genommen; dann in Schlackdärme, zusammen genähete Flaumenhäute, auch in Kälberblasen gestopft. Die frischen Bratwürste werden feiner gehackt,

und

und Kümmel, geschnittene Citronenschaale, Gewürz und ein Glas weißen Wein dazu gegeben, sodann lose in enge Schweinsdärme gestopft und aufgehangen. Das übrige Fleisch vom Schweine wird in kleine Stücke gehackt, mit Salz und Salpeter in ein Faß gepackt, zugespundet und alle Abend herumgerollt; ist aber das Faß nicht ganz voll, so beschwert man es mit einem Deckel und Steinen, und begießt es alle Abend. Die Blutwürste, Leberwürste und Mettwürste werden in gelinden Rauch gehängt; in 4 Tagen haben die Leberwürste Rauch genug und die Rothwürste in 10 Tagen; die Mettwürste müssen aber länger hängen, 3 bis 4 Wochen langsam räuchern. Wenn die Speckseiten 3 Wochen in Salz gelegen haben, so werden solche nebst den Schinken in den Rauch gehängt, und wenn sie hinlänglich gelb geräuchert sind, auf die Luftkammer gebracht. Der Magen des Schweins wird, wenn er weich gekocht worden, entweder gebraten, oder man füllt ihn voll Wurstgut und läßt ihn alsdann wie die andern Blutwürste räuchern. Von einem Kopf kann man eine Sülze auf mehrere Weise machen.

1) Man macht Preßsülze, da man alles Fleisch von dem Kopfe kleinpflückt, es mit
etwas

etwas Salpeter, Salz, Pfeffer, Nelken und Citronenschaale vermenget, dann in eine Serviette vest zubindet, das Eingebundene in kochende Wurstbrühe hält, es alsdann 24 Stunden preßt und hernach eine piquante Sauce darüber macht.

2) Man kocht den Kopf mit 2 Füßen und 2 Ohren mürbe, zieht die Schwarte warm ab, schneidet alles in feine Würfeln; die Füße hackt man fein, mengt alles durcheinander, giebt Gewürz, Salz darunter und so viel von der Brühe, worin es gahr gekocht worden, daß es damit bedoben ist; läßt es eine Viertelstunde langsam kochen, spült eine irdene Form mit heißem Wasser aus und giebt diese Masse hinein; wenn dies kalt geworden, löset man es vorsichtig mit einem Messer, stülpt es um und giebt es mit einer Sauce Remolade zu Tische.

Die Flaumen werden in feine Würfeln geschnitten und mit einer Zwiebel und etlichen Borsdorfer Aepfeln ausgebraten. Die Aepfel kann man, wenn man den Nelkengeschmack liebt, mit einigen Gewürznelken bestecken. Um zu sehen, ob das Fett gehörig gekocht, nimmt man etwas in den Löffel; wenn es darin noch kocht, so ist es gut und wird sodann durch einen

S 2   fei-

feinen Durchschlag in Steintöpfe gegossen, in welche man auf den Boden etwas Salz gestreut hat, und obenauf, wenn das Fett kalt ist, auch Salz thut und den Topf mit dickem Papier zubindet.

Einschlachten der Hammel.

Ob dies vortheilhaft sey, kann ich nicht entscheiden, da es darauf ankommt, wie man einkauft. Das Talg der Hammel wird zum Lichtgießen gebraucht. Ist solches frisch, so kann man vom Nierentalge etwas an die Vorkosten nehmen. Die Hammelkeulen kann man räuchern, auch den Kopf; das kurze Fleisch wird eingesalzen. Die Kaldaunen werden frisch gekocht und mit einer sauren Brühe zubereitet.

Geräucherte Gänse.

Bei Gänsen ist kein Schaden. Man kann sie auf vielerley Art zubereiten. Wenn man zu Ende des Julius gute Gänse einkauft und sie in einem Gänsestall füttert, erst mit gestoßenen gelben Wurzeln, zuletzt mit Hafer oder Gerste. [zu saufen giebt man ihnen Wasser mit Grand] Eine Preßgans wird auf folgende Art gemacht:
wenn

wenn die Gans Tages vorher abgeschlachtet, ausgenommen und das Gekröse davon abgehauen ist; wird das Fleisch derselben völlig von den Knochen abgelößt, daß das Gerippe allein bleibt; dann wird die Gans in der Mitte mit Salz gerieben, mit Salpeter bestreuet, auch mit gestoßenen Nelken und Pfeffer; hernach werden die beiden Hälften der Gans zusammengeschlagen; mit Salz bestreuet und zwischen zwei Bretter gelegt; diese Bretter werden sodann schräg aufgestellt, damit die ablaufende Sole in eine Schüssel laufen kann; und hiermit wird die Gans täglich begossen; einen Tag um den andern muß die Gans umgekehrt werden. Wenn sie so 10 Tage in der Sole gelegen hat, so wird sie in einen Bogen Papier eingeschlagen und in den Rauch gehängt. Man kann nachher ordentliche Scheiben wie von geräuchertem Lachs davon schneiden, und es ist ein sehr gutes Essen.

Spick-Gänse.

Man schlachtet recht fette Gänse, rupft sie behutsam, daß die Haut nicht aufreißt. Wenn sie gehörig gestoppelt, über brennendem Stroh ge-

gesengt und mit warmen Wasser und Kleyn gewaschen, legt man sie einige Stunden in kaltes Wasser, dann werden sie aufgehangen, daß sie abtrocknen. Sodann wird der Hals und die Flügel dicht am Leibe abgeschnitten, die Gänse ausgenommen und gespalten, stark mit Salz berieben, in ein reines Faß sehr dicht auf einander geschichtet und zugedeckt; so müssen sie nur 3 Tage liegen bleiben; in dieser Zeit wird das mehrste Salz geschmolzen und in jede Gans so viel als nöthig eingezogen seyn. Alsdann werden die Gänse so naß und voll Salz hängend herausgenommen, mit Weitzenkleye bestreuet und in derselben so lange herumgewälzt, bis man von dem Fleische nichts mehr sehen kann; dann bindet man an die Keulen Bindfaden, damit man sie auf einem Stocke in dem Rauch hängen kann; sie müssen aber so hängen, daß keine Hitze, sondern nur bloßer Rauch sie treffen kann. So läßt man sie nur 8 Tage im Rauch hängen; alsdann werden sie auf einer kühlen Luftkammer aufgehängt; wenn sie so 8 Tage in der Luft gehangen, reibt man mit Leinwand die Kleye sauber ab und hebt die Gänse wie anderes geräuchertes Fleisch auf; so halten sie sich sehr lange. Man kann sie roh,

auch

auch gekocht essen; auch kann man sie, wie den geräucherten Lachs, in dünne Scheiben geschnitten über Kohlen in einem Geschirr mit Wasser, geschmolzener Butter und Citronensaft langsam schmoren lassen; man muß sich aber vorsehen, daß das Fleisch nicht zähe oder hart werde.

In Sauer eingekochte Gänse.

Man schneidet die Gänse in Stücke, wässert sie rein aus, läßt sie in Wasser heiß werden, drückt das Fleisch rein aus; dann sauber abgeputzt, mit gutem Weinessig, etwas Hirschhorn und Gewürz aufs Feuer gesetzt und oft abgeschäumt. Das Hirschhorn wird in ein dünnes Tuch gebunden; nicht zu mürbe darf das Fleisch gekocht werden. Wenn es gahr ist, wird das Fleisch in Steintöpfe gepackt, der Gallert mit Eyweiß geklärt, durch einen Filzbeutel gegossen und dieser durchgegossenen Gallert auf das Gänsefleisch gegeben. Wenn es kalt geworden, mit Hammeltalg zugeschmolzen an einem trocknen Ort verwahrt, so kann man es ein ganzes Jahr frisch erhalten.

Gänse

Gänse zu nudeln.

Man bereitet aus grobem Mehl, Kleye und Wasser einen vesten Teig und macht daraus Nudeln eines kleinen Fingers lang und eines Fingers dick, aber nicht zu spitz, läßt solche auf einem mäßig heißen Ofen langsam trocknen, oder man macht gleich so viel, wie man zu gebrauchen denkt, und läßt sie beim Bäcker trocknen. Martini ist die beste Zeit, Gänse zu nudeln; man setzt alsdann gute ausgewachsene Gänse in einen Gänsestall, daß sie enge sitzen, giebt jeder Gans des Tages viermahl, nemlich des Morgens ganz früh, des Mittags, Nachmittags um 5 Uhr und Abends um 10 Uhr, jedesmahl 5 Nudeln; dies wiederholt man einige Tage, dann nimmt man jedesmahl 7 Nudeln, thut dies wieder einige Tage, dann 9, dann 11, und mit 12 Nudeln hält man so lange an, bis die Gans fett ist, welches man unter den Flügeln fühlen kann. Dabei muß man aber genau besorgen, daß die Gänse immer viel zu saufen haben, so daß sie den ganzen Kopf ins Wasser stecken können; man muß ihnen oft frisches Wasser geben, auch etwas Grand ins Wasser werfen. Jede Nudel kann man

man, wenn man sie der Gans giebt, vorher ins Wasser tauchen. Im Anfang muß man ihnen ja nicht mehr Nudeln, wie vorhin bemerkt worden, geben, und immer nach und nach die Zahl vermehren, weil sonst die Gänse leicht sterben.

Dreizehnte Abtheilung.
Vom Bier- und Essigbrauen.

Luftmalz zu machen.

Man nimmt halb Weitzen, halb Gerste; sichtet solches rein aus, damit aller Staub herauskömmt; weicht die Quantität, welche dazu bestimmt ist, in ein großes Faß, gießt so viel Wasser darauf, daß die Frucht bedeckt ist; läßt dies so lange darin stehen, bis das Korn anfängt weich zu werden und man das Mehl herausdrücken kann; dann zapft man das Wasser rein ab, läßt es 12 Stunden so stehen, damit gar kein Wasser darauf bleibt; dann bringt man das Malz in einen Wachshaufen, bedeckt diesen mit einem Laken, legt Stroh darauf und läßt dies so lange liegen, bis das Korn ein Glied vom Finger lang gewachsen ist; reibt
als

alsdann die Frucht auseinander, streuet dünne auf
einem luftigen Boden das Malz auseinander, har-
ket alle Morgen das Malz um, bis es völlig trok-
ken ist; dann wird es zusammen in eine dünne
Scheibe gebracht und so aufbewahrt. Im März
ist die beste Jahrszeit, Malz zu machen.

Bier zu brauen.

Den Abend zuvor, ehe man brauen will,
weicht man einen guten Himpten grob geschrotenes
Malz mit 3 Eimern kalten Wassers ein; den andern Morgen früh um 3 Uhr giebt man noch
7 Eimer Wasser in den Kessel, macht Feuer darunter, und giebt das eingeweichte Malz auch hinzu, rührt dies so lange, bis es heiß ist; nimt
dann das Feuer hervor, und läßt es über Kohlen
2 Stunde stehen. Nach dieser Zeit hitzt man wieder unter, rührt dann so lange, bis es anfängt
zu kochen; 2 Stunde läßt man es so kochen, alsdann giebt man dies alles in eine Stanne (große
Gülte), welche mit einem Strohwisch versehen ist;
läßt es eine Viertelstunde darauf stehen, und zapft
es allmählig ab; unterdessen kocht man noch 4 Eimer Wasser im Kessel (weil der Kessel nicht groß
genug ist), gießt diese noch auf die Stanne, und
läßt die auch durchlaufen, dann giebt man den ab-
gezapften Weert in den Kessel, macht Feuer darunter, und giebt etwas Salz und Hopfen hinein.
Wenn es anfängt zu kochen, schäumt man es gut
ab,

ab, läßt es dann soviel einkochen, daß es 7 Eimer bleiben. Wenn es fertig gekocht ist, giebt man es wieder auf die Stanne, welche vorher rein ausgespült und mit einem Strohwisch versehen ist, läßt es eine Viertelstunde stehen, zapft es in ein Kühlfaß ab, und wenn es kalt geworden, stellt man es mit einem Maaß Gest an. Nachdem es gehörig gegohren, füllt man es in Kruken, läßt es noch einmal aufgähren, hernach wird es fest zugekorkt und im Keller aufbewahrt.

Essig zu machen.

Man nimmt ½ Pfund feinen Zucker, ¼ Pfund weißen Weinstein, und Sauerteig (eines Gänseeyes groß). Dieses zusammen wird in lauwarmen Wasser aufgelößt, alsdann nimt man ein Ankerfaß, aus welchem der eine Boden genommen ist, stellet es bei einen warmen Ofen, und gießet 6 Stübchen fließendes Wasser nebst 2 Maaß Branntewein hinein. Nachdem man die aufgelößte Masse auch dazugegeben, rührt man Alles wohl durch, und bindet die Oefnung mit doppeltem Linnen zu, legt einen Deckel darauf, und läßt es 6 Wochen beim warmen Ofen stehen. Beim Abzapfen muß es nicht gerührt werden, sonst wird der Essig trübe; man muß daher das Faß vorher unten anbohren.

Vierzehnte Abtheilung.

Vom Seifekochen, Lichtgießen, und Kartoffeln-Steibe (Stärke) zu bereiten.

Seife zu kochen.

20 Pfund Talg (halb Hammel- und halb Rindertalg),
5 gehäufte Himpten durchgesiebte Asche,
1 Himpten ungelöschten Kalk,
1 gehäufte Drittels-Metze Salz.

Die Asche wird so stark mit Wasser unter beständigem Umschaufeln angefeuchtet, daß man sie wie einen Ball zusammen drücken kann; dann macht man einen runden Haufen; in der Mitte dieses Haufens macht man ein Loth, giebt ein Stück Kalk nach dem andern hinein, und giebt einen Eimer voll warmes Wasser nachgrade hinzu, dann

das

das Loch mit feuchter Asche angefüllt. Wenn es einige Stunden so gestanden, probirt man mit einem Stocke, ob der Kalk anfängt zu zergehen; ist es noch nicht, giebt man noch eine Kelle warmes Wasser oben in den Haufen; hat er 3 Stunden gestanden, und der Kalk ist völlig gelöscht, so arbeitet man den Haufen recht durcheinander, giebt dann diesen Ascher mottenweise auf ein dazu bereitetes Faß, welches mit einem doppelten durchlöcherten Boden versehen ist. Vorzüglich muß die Asche fest gestampft werden, alsdann werden 16 Eimer Wasser nachgrade auf dieses Faß geschüttet; hat dies 24 Stunde gestanden, zapft man etwas Lauge ab, versucht alsdann, ob sie ein Ey trägt. Die Knochen und Speckschwarten werden 12 Stunden vorher in kaltes Wasser eingetaucht, rein abgewaschen, durch ein Sieb gegeben, und dann 6 Eimer voll Lauge in den Kessel gegeben. Wenn sie kocht, die Knochen hineingegeben, eine Stunde kochen lassen, dann das Fett hinzugegeben, und damit 6 Stunde kochen lassen; während dem Kochen immer eine Kelle voll Lauge nach der andern zugeschüttet, und dann angefangen allmählig zu salzen. Hat es damit eine Zeitlang gekocht, giebt man etwas in ein Weinglas, und läßt es kalt werden. Hat sich dann die Lauge von der Seife geschieden, so daß die Lauge unten im Glase klar wie Wein aussieht, so ist die Seife fertig, man läßt sie aber noch im Kessel stehen; nach 48 Stunden kann man sie ausschneiden.

Zur

Zur zweiten Lauge gießt man wieder 10 Eimer voll Wasser auf das Faß, sobald die erste Lauge rein abgezapft ist.

Vom Lichtgießen und Lichtziehen.

Zum Lichtgießen nimt man gläserne Formen. Man muß eine hölzerne Bank mit Löchern haben, worein die Formen passen; zu den Dochten ist Baumwollen-Garn mit einigen Faden gebleichten weichen hedenen Garn am besten; wenn es fein ist, nimt man 10 Faden zu einem dicken, und 8 Faden zu einen dünnen Licht. Man muß sich aber ja nach der Dicke des Garns richten. Die Dochte werden mit Jungfern-Wachs bestrichen. Die beste Art, das Talg zu bereiten, ist diese: Man nimt $\frac{1}{4}$ Centner Hammeltalg und bratet solches aus; alsdann setzt man das ausgebratene Talg mit 2 Maaß Wasser auf, thut dazu 1 Loth Frauenglas, 2 Loth Weinstein und ein Loth Sal ammoniacum; dieses wird mit dem Talg 1 Stunde gekocht; alsdann wird es, wenn es kalt ist, ganz klein zerschabt, auf ein Brett gegeben, und etliche Tage an die Luft gesetzt. Wenn man die Lichter gegossen hat, hängt man sie auf Stöcke auf eine trockne Kammer, daß sie trocknen, alsdann kann man sie in einem Kasten verwahren.

Diese Lichter laufen nicht, brennen hell und rathsam; man kann auch 2 Theile Hammeltalg und ein Theil Rindertalg nehmen.

Die

Die gezogenen Lichter macht man auf folgende Weise: Man füllet eine Tonne halb mit Wasser an und gießt oben das Talg darauf; unterdessen macht man die Dochte zurecht, welche man an eine Maschiene mit Haken, die sich drehen läßt, hängt; dann nimt man einen Docht nach dem andern, hält solchen in reines Talg ohne Wasser, streicht ihn recht grade, dann hängt man ihn auf, bis sie so alle eingetunkt sind; alsdann fängt man wieder bei dem ersten Docht an, bis die Lichter dick genug sind. Zu diesen Lichtern kann man fein gebleichtes hedenes Garn, auch nur ordinair Hammeltalg nehmen. Bei dem Talg) das mit obigen Species gekocht wird, ist noch zu erinnern, daß das Talg, wenn es gekocht wird, beständig geschäumt werden muß; auch muß, wenn es kalt ist, alles Unreine abgeputzt werden. Da diese Art, das Talg zu kochen, etwas umständlich ist, so mache ich es auch auf folgende Art: ich schneide das Talg in feine Würfel, brate es aus, dann lege ich in irdene tiefe Schüsseln Bindfaden, und gieße das Talg hinein. Wenn es kalt ist, nehme ich die Talgboden, hänge sie 14 Tage in die Luft; alsdann gieße ich davon Lichter. Ich lasse es behutsam schmelzen, und dann meist erstarren, ehe ich gieße. Wenn die Lichter kalt sind, so mache ich sie aus den Formen, binde 2 und 2 zusammen, hänge sie auf eine Linie, und lasse sie lange hängen. Die Dochte drehe ich erst zusammen, und streiche sie mit weißem Wachs.

Kar=

Kartoffelnsteibe (Stärke) zu machen.

Man schält die Kartoffeln, giebt sie in reines Wasser, reibt sie auf einer Reibe, gießt dieses Geriebene in einen reinen Tubben (Zuber), worein etwas Wasser gegeben. Wenn alles gerieben ist, giebt man das Geriebene nachgrade in ein Sieb, rührt es fest durch, daß das Hülsigte zurückbleibt und blos das Mehl sich durchreibt; dies läßt man sich setzen, gießt nach 24 Stunden das Wasser ab, sticht mit einem Messer den gesetzten Boden los, giebt klares reines Wasser darauf, und so verfährt man wohl 12 Tage, bis die Steibe ganz weiß ausgezogen ist. Sodann gießt man das Wasser ab, sticht in großen Stücken den Boden aus, und trocknet diese Stärke in der Sonne auf einem reinen Laken. Man kann sie zur feinsten Wäsche gebrauchen.

Funfzehnte Abtheilung.
Junges Federvieh aufzuziehen.

Junge Küken aufzuziehen.

Im Anfang des März nimt man 27 Eyer, und legt diese auf ein rundes Lager von Stroh und Heu. Nun nimt man ein ½jähriges Putchen, faßt es bei den Flügeln und drehet das Putchen einigemahl herum, daß es schwindeligt wird; dann setzt man es auf die Eyer, und stülpt einen Korb darauf. Den andern Tag giebt man ihm Gerste zu fressen und Wasser zu saufen. Mit Hünereyern sitzen sie 3 Wochen; die Hünerklucken setzt man, wenn man sieht, daß sie auf dem Nest sitzen bleiben wollen, und giebt ihnen 15 Eyer unter. Wenn die Küken auskommen, giebt man ihnen Habergrütze und ganz altes Brod fein dazwischen gekrümelt. Wenn die Hüner und Küken den Schnip an der Zunge kriegen, so zieht man ihn behutsam ab, und giebt ihnen den mit einem Stück frischer Butter zu fressen.

Junge Enten aufzuziehen.

Sieht man, daß die Enten ihre Nester mit Federn zubecken, so ist es ein Zeichen, daß sie sitzen wollen; dann macht man ihnen dasselbe Nest zurecht, legt ihnen 11 Eyer hinein und läßt sie selbst fressen und saufen. [Gewöhnlich kriegen sie Hafer zum Fressen] 4 Wochen sitzen sie bis zum Auskommen. Die kleinen Enten krigen eingeweichtes Brod hineingekrümelt, und Wasser zu saufen. Wenn man viele Enteneyer hat, so kann man Klucken und Puter damit setzen; den Puters 17, und den Klucken 11 Enteneyer.

Junge Puters aufzuziehen.

Man nimt, da die Putereyer selten auf einmahl zugleich auskommen, die ersten, nachdem sie gehörig nest-reif sind, heraus, badet die Füße in Franzbranntewein, giebt ihnen 2 Pfefferkörner mit ein wenig Butter zu fressen, hält sie in einem wollnen Tuche oder Küssen recht warm, und giebt ihnen feingehackten Wermuth, Schnitlauch, auch hartgekochte Eyer, des Tages öfters, zu fressen. Wenn die Eyer sämmtlich ausgekommen sind, und die Puter stärker zu fressen anfangen, kann man ihnen statt der Eyer auch harten Käse untermengen; auch Buchweitzen kochen, bis das Korn platzt, und sie damit füttern, welches sie gern fressen.

Sechszehnte Abtheilung.

Von Verfertigung der Butter, wie auch der Schaaf- und Kuhkäse.

Man kann die Milch in hölzerne oder irdene Satten geben; läßt sie gehörig ausröhmen, daß die Milch wie geläbt ist; diesen Flott giebt man in einen Steintopf, bis man so viel, wie zum Buttern nöthig ist, gesammlet hat; spült das Butterfaß mit reinem Wasser aus, gießt den Flott hinein, und buttert nun, ohne innezuhalten, bis die Butter zusammen ist; wäscht dann die Butter so lange, bis das Wasser ganz klar davon kömmt; salzt sie gehörig, wäscht sie dann noch einmal mit Wasser, und drückt sie fest in einen Steintopf. Wenn er voll ist, wird ein reiner linnener Tuch, in Salzsöhle naß gemacht, darauf gelegt und mit einem hölzernen Deckel zugedeckt. Alle 8 Tage wird der Tuch ausgewaschen.

Schaafkäse zu machen.

Vom März bis May ist die beste Zeit, Laffbeutel zu bereiten. Dies macht man so: den Kälbermagen kehrt man um, schüttelt die geronnene Milch heraus, spült ihn in kaltem Wasser, und kehrt ihn dann wieder um, daß die Milchseite inwendig kommt, dann salzt man ihn mit einer Handvoll Salz ein, und läßt ihn 3 Tage liegen, dann wird er aufgeblasen, zugebunden und an einem luftigen Ort aufgehangen, daß er trocken wird. Von diesem getrockneten Laffbeutel giebt man den 3ten Theil mit ½ Maaß Brunnenwasser und 3 Loth Salz in einen irdenen Topf, deckt ihn mit einem Deckel zu; darauf dieses Stück Laff in dem Wasser mit einem hölzernen Löffel recht gedrückt, dann 24 Stunden stehen lassen, und auf 60 Maaß Milch 3 große hölzerne Löffel voll von diesem Laff hinein gegeben; vorher aber, ehe man es hineingiebt, nochmals das Stück Laff recht durchgerührt. Nachdem die Milch eine Zeitlang damit gestanden hat, stößt man leise mit dem Fuße an den Kessel, um zu sehen, ob die Milch sich schon läbt; sie muß weder zu hart noch zu weich geläbt seyn, sonst erhält man weniger Käse. Glaubt man nun, daß die Milch hart genug ist, so fährt man mit beiden Händen ganz behutsam an den Seiten des Kessels hinunter, bricht so die Milch in große Stücke, streuet Kümmel darüber, daß er sich vermischt; dann füllt man diese Milch in eine quarrirte Form,

daß

daß die Molke ablaufen kann; 12 Stunden nachher salzt man sie auf einer Seite, und wenn sie so fest sind, daß man die Form abnehmen kann, legt man sie auf eine hängende Horte, und salzt sie dann auf der andern Seite. Die Milch zum Laben muß grade die Wärme haben, als wenn sie eben gemolken wäre. Zu Flottkäsen nimmt man die Milch so wie sie gemolken ist; zu den Milchkäsen aber abgeröhmte Milch, wovon man nur einen Theil warm macht, um damit dem übrigen den rechten Grad von Wärme zu geben.

Kuhkäse zu machen.

Wenn gemolken worden, muß die Milch nicht gleich in geheitzte Zimmer gesetzt werden; sie muß erst 24 Stunden an einem temperirten Orte stehen, hernach bringt man sie in eine mäßig geheizte Stube. Sobald der Flott die Dicke erhalten, daß man ihn buttern kann, röhmt man die Milch ab, die dann in einen Kessel gegossen und auf gelindes Feuer gesetzt wird, daß die Milch von der Molke sich schneide; sie darf nur scharf heiß werden, daß der Käse in die Höhe steiget. So wie die gekäsete Milch oben herauf kömmt, füllt man sie mit einer Schaumkelle ab [dieses Gekäsel darf nicht härter seyn, wie rohe geriebene gelbe Wurzeln], giebt dies in einen spitzen linnenen Beutel, der über ein Gefäß gehangen wird, daß die Molke hineinläuft. Wenn der Käse trocken abgelaufen, schüt-

schüttet man ihn in eine Molde, drücket ihn fest in einen Klump zusammen, beleget ihn mit einem Tuche setzt ihn in eine warme Stube, daß er sich brennt; kehrt nach einiger Zeit das Unterste oben, daß er durch und durch gleiche Schärfe erhält. Man muß oft darnach sehen, daß er nicht zu weich wird, sondern man ihn noch wie einen Schneeball formiren kann. Der also gebrannte Käse wird mit den Händen durchgerieben, Salz und Kümmel dazwischen gestreut, geknetet, geformet zu runden Kugeln, die man auf einem Brette neben einander stellt und auf einer Käsehorte trocknet. Im Winter ist es vortheilhafter, Napfkäse zu machen, und im Sommer die Schaafkäse.

Die Zubereitung der sogenannten Tourhöltjen ist der obigen gleich, bis auf das Brennen nach. Bei diesen wird das Gekäsete, wenn die Molke rein abgelaufen ist, gleich mit Salz und Kümmel brav durchgeknetet, zu runden länglichten Käsen formirt, getrocknet und in Steintöpfen verwahrt. Man kann auch zwischen diese Masse ein Glas Franzwein mit einem Stück frischer Butter hineinkneten, so werden sie sehr schmackhaft. —

Register
zu ersten Abtheilung.

Von Suppen.

	Seite
Suppe mit Savoyer-Kohl	1
Suppe à la Reine	1
Krebs-Suppe	2
Klare braune Suppe	4
Klare weiße Bouillon-Suppe	4
Zwiebel-Suppe	4
Hüner-Suppe mit Fleischklümpen	5
Kalbfleisch-Suppe mit Klümpen	6
Kräuter-Suppe mit verlohrnen Eyern	6
Suppe à la Jacobine	7
Weinschaum-Suppe	7
Weinsuppe mit einem Klump	9
Brodt-Suppe mit einem Berg	9
Kranken-Suppe	10
Mandeln-Suppe	10
Noch eine andere Mandeln-Suppe	11
Eine Kraft-Suppe für Kranke	11

Register zur zweiten Abtheilung.
Von Saucen.

	Seite
Citronen-Sauce zu einem Bouding	12
Courage-Mus oder Weinschaum	12
Noch eine Vorschrift davon	13
Krebs-Sauce	13
Meerrettig-Sauce	15
Sauce zur Kalbs-Sülze	15
Sauce Remolade	15
Sauce hachée	16
Sauce zu gekochtem Rindfleisch	16
Braune Jus zu machen	17
Braune Robert-Sauce	17
Weiße Cappern-Sauce	18
Weiße Schalotten-Sauce	18
Anschovis-Sauce	18
Auster-Sauce	18
Butter-Sauce	19
Rohm-Sauce	19
Sauerampfer-Sauce über Schollen, Bütte ɩc.	20

Register zur dritten Abtheilung.
Von Gemüsen und eingemachten Garten-Gewächsen.

Rothe Rüben zum Gemüse	20
Gefüllter weißer Kohl	21

	Seite
Savoyer, oder weißer Kohl	21
Sauren Kohl	22
Poupetons von Blumenkohl	22
Langen braunen Kohl mit Castanien	23
Spinat	23
Artischocken	24
Kartoffeln mit Hering	24
Eingemachte Witsbohnen zu kochen	25
Eingemachte grüne Erbsen	25
Essig-Gurken einzumachen	25
Salz-Gurken einzumachen	26
Stachelbeeren einzumachen	27
Grüne Petersilie einzumachen	28

Register zur vierten Abtheilung.

Von allerlei wilden und zahmen Fleischspeisen, wie auch wildem und zahmem Flügelwerk.

Boeuf à la mode von Rindfleisch	28
Französische Würste	29
Fricassé von Flügelwerk und Kalbfleisch	30
Fricandeaux von Kalbfleisch	31
Braune Hammelkeule	31
Gefüllte Kalbsbrust	31
Gespickte Tauben à la Patétiere	32
Gebratene Hammel- oder Kalbskeule mit einem Ragout	33
Roth gesalzenes Rindfleisch	34
Hamburger Rindfleisch-Würste	35

Junge

	Seite
Junge Hüner mit Blumenkohl	36
⹂ ⹂ mit Erbsen	37
⹂ ⹂ mit Krebsen und Morcheln	37
Braune gefüllte Kalbsbrust	38
Gefüllte Hüner und Tauben	39
Kalbsleber-Kuchen	39
Ochsen-Zunge braun, mit großen Rosinen	40
Ochsenzunge mit Kirsch-Sauce	40
Puter in Gallert zu kochen	40
Kalbs-Sülze	42
Schweine-Schinken paniert mit Kirsch-Sauce	43
Brägenwurst	44
Wilden Schweinskopf einzurichten	45
Feines Ragout, welches man als ein besonderes Gericht, und auch in und über viele andere Sachen gebrauchet	46
Fein Ragout von Fischwerk	47
Meritons von Ochsenzungen und Schinken	47
——— von Kälber-Brissel u. andern feinen Sachen	48
Fricasseen von allen rohen Sachen	49
Ragout von kaltem Braten	50
Kalbfleisch mit Speck und Thymian	51
Geklopftes Kalbfleisch mit Sardellen	51
Kälber-Nieren auf Semmel-Scheiben	52
Lammfleisch mit einer weißen Cappern-Sauce	52
Grillade von allen kalten Braten	53
Rollade von Schweins-Köpfen	53
Braunes Wildpret mit Oliven	54

Se-

	Seite
Gebratenen Haasen mit saurem Kohl, Austern und Morcheln	55
Eine Regel von allem, was à la daube gekocht wird	55
Junge Hüner mit Sellery	56
Poupeton von Krebsen	57
Endulien, oder Würste von Kälberkalbaunen	58
Wurst von Kalbfleisch	58
Kleine Saucischen	59

Register zur fünften Abtheilung.
Von Fischen.

Hechte mit saurem Kohl, Austern, Krebsen und Morcheln	60
Gespickte Hechte, oder Hechte en Fricandaux	61
Hechte blau abgekocht	62
Gebackene Hechte in abgeklärter Butter	63
Karpfen mit einer braunen Sauce	64
Aspice von Hechten, oder Forellen	64
Gestobte Karpfen	65
Ein Hecht auf der Schüssel in seiner eigenen Sauce	66
Karpfen in seiner eigenen Sauce zu kochen	67
Karpfen zu räuchern	68
Frischen Lachs zu kochen	68
Stockfisch zu weichen	68
Noch eine Vorschrift davon —	69
Karpfen blau abgekocht	70
Karpfen in Gallert	71
Karpfen oder Hechte farciret	71

	Seite
Gekochte Karutschen	72
Gebackene Karutschen	73
Gekochte Barse	73
Blau abgekochte Forellen	73
Marginirte Forellen, oder Forellen in Gallert	74
Auf einem Rost gebratene marginirte Forellen	74
Frischen Lachs zu kochen	75
Frische Sandarten zu kochen	75
Frische Stöhr zu kochen	76
Noch eine andere Vorschrift, wenn man ihn kalt giebt	76
Frischen Dorsch mit Morcheln oder Austern gestobt	77
Frische Dörsche ordinair gekocht	77
Frische Makreelen zu kochen	78
Gekochte See-Zungen	78
Gebackene See-Zungen	79
Maginirte See-Zungen	79
Frische Schollen, große Steinbütte zu kochen	79
Frische Schollen und Bütte zu backen	80
Neunaugen einzumachen	80
Frische Muscheln abzukochen	81
Gestobte Muscheln	81
Große Aale zu kochen	82
Rollade von Aal	82
Fricassee von Aal	83
Gebackene Aale mit Salbey gespickt	84
Frische Brassen zu kochen	84
Frische Brassen auf einem Roste gebraten	84
Schmerlinge zu kochen	85

Trockne

	Seite
Trockne Schnäpel, Hechte und dergleichen mit Rüben	85
Gefüllte Krebse mit Krebs-Farce	86
Schnecken zu kochen	86
Farcirte Austern	87
Klippfisch zu kochen	88
Stockfisch zu kochen	88
Bouding von Stockfisch	89
—— von Hechten und andern Fischen	90
—— von Krebsen	90

Register zur sechsten Abtheilung.

Von Farcen und Pasteten.

	Seite
Eine Speck- und Leber-Farce zu allen Pasteten von Flügelwerk	93
Farce von Schinken, so in allen Pasteten gut, besonders in Wildpasteten	94
Wie alle Sachen, wovon man eine Pastete machen will, vorher zu präpariren	94
Wie alle Sachen zu einer Pastete vorher zu imarginiren und einzupassiren sind	96
Blätterteig zu Pasteten	97
Pastete von Tauben	98
Pastete von Küken	99
Schüssel-Pastete von Tauben	100
Pastete von Haasen, ohne Knochen	101
—— von geräuchertem Schinken	102
Feine Pasteten von Kälberbraten	103

Oest-

	Seite
Oestreicher Pastete	103
Englische Pastete	105
Semmel-Pastete	105
Pastete von farcirter und fein gespickter Kälber-	106
brust	106
Feine Pastete von Kälber-Nieren	107
Stockfisch-Pastete	107
Wie man die Fische zur Pastete präpariren muß	109
Pastete von frischen Bütten, frischen Schollen oder Seezungen	109
Pastete von Aalstücken	110
— von runden Lachsstücken	110
— von Fischen ohne Gräten	110
— von Austern	111
Feine Pastete von Krebsen	112
— — — Fischwerk	113
— — — gehackten Fischen	113
— — — Krebs-Farce	114
— — — Spargel	115
Von Crisetten	116
Eyer-Tens in Fleisch-Suppen	117
Schwämme in Suppen	117

Register zur siebenten Abtheilung.

Von Braten.

Wie man Gänse füllen und braten muß	119
Wilde und zahme Enten zu braten	120

Ca-

	Seite
Capaunen, Kalekuten, Hüner, und Tauben zu braten	120
Gebratene Capaunen mit Austern	120
Geschmorte Küken mit Stickbeeren	121
Hammelkeulen oder Rücken als einen Wildbraten einzurichten	121
Von Kalbs=Lämmer= und Hammelbraten	122
Gebratene Kalbsbrust, die gefüllt wird	123
Schnepfen, Kramtsvögel und Lerchen zu braten	123
Birkhüner, Fosanen und Rebhüner zu braten	124
Gebratene Hasen	125
Von allen Wildbraten überhaupt	125

Register zur achten Abtheilung.

Von Torten und Gebackenem.

Brod=Torte zu machen	126
Macronen=Torte	127
Sandtorte oder Zuckertorte	127
Sandtorte oder Zucker=Torte	128
— auf eine andere Art	129
— noch eine andere Art	129
Citronen=Torte	129
Die beste Art einer Rockenbrodts=Torte	130
Erbsen=Torte	131
Torte Corcanda	132
Mandel=Torte	132
Citronenkuchen zu machen	132

Noch

	Seite
Noch eine Sandtorte	133
Schwäbische Torte	133
Eine mürbe Torte	134
Baum=Torte oder Berliner Kuchen	134
Eine andere Sandtorte zu machen	135
Persianische Torte	136
Zuckertorte oder mürben Teig	137
Zuckertorte auf eine andere Art	137
Butter=Teig zu machen	137
Blätterteig zu einer mittelmäßigen Torte	138
Zucker=Guß über Kuchen	138
Nürnberger Speckkuchen	139
Mayländischen oder Spring=Kuchen	140
Citronen=Torte	140
Brunellen=Torte	141
Pflaumen=Torte	141
Aepfel=Torte	142
Kirschen=Torte	142
Johannisbeeren=Torte	143
Stachelbeeren=Torte	143
Quitten, Erdbeeren= und Himbeeren=Torte	143
Torte von frischen Pfirschen, Apricosen und Zwetschen	144
Torte Crocanda	145
Rohm=Torte	147
— — auf eine andere Art	147
Torte von sauren und süßen Sachen	148
Torte von Mandel=Rohm	148
Französische Torte	149

	Seite
Russischer Erdtoffeln-Kuchen	186
Kleine Aepfelkuchen	186
Aal- oder Schlangen-Gebackenes	186
Plinzen oder Schlier-Kuchen	187
Mark-Kuchen	188
Osterburger-Kuchen	189
Eiser-Kuchen	190
Mandel-Püster	190
Leichtes Biscuit, wie Confect zu gebrauchen	191
Trichter-Kuchen	192
Englischer Schnitt	192
Kleine Wiener Kuchen, als Confect zu gebrauchen	193
Bremer Aepfelkuchen	193
Englischer Kuchen	194
Träume oder Spanischen Wind, wie Confect zu brauchen	195
Chocolade-Plätchen, wie Confect zu brauchen	196
Mandelkuchen auf Oblaten, wie Confect zu gebrauchen	195
Orangeblüthe-Kuchen als Confect	196
Licent-Zettel zu backen	197
Anies-Kuchen	197
Honigkuchen und Pfeffernüsse	198
Fasten-Krabben, oder Kröpfel	199
—— —— auf eine andere Art	200
Kleine Kröps	200
Kreienberger Kuchen	201
Einen Obstkuchen zu machen	201
Einen Kirschkuchen	202

Einen

Seite
Eyren Butterkuchen 203
Fonty in Käſtchens 203
Wickel-Kuchen 204
Einen Schwediſchen Kuchen . . 205
Himbeeren-Kuchen 205
Hattorffſche Kuchen 206
Zuckerſchnitt 206
Borsdorfer Aepfel in Teig umgekehrt und in
   Butter gebraten 207
Aepfelſcheiben in Teig umgekehrt . 207
Sattels 208
Delicaten Kartoffeln-Kuchen . . 208

Regiſter zur neunten Abtheilung.

Von Crems, Gelees und Boudings.

Chocolade-Creme 210
Grieß-Klümpe, kalt zu eſſen . . 210
Courage-Mus oder Weinſchaum . 211
Chocolade-Creme 212
Auflauf mit Apricoſen 212
Eyer-Käſe 214
Mandel-Creme 215
Ein Milcheſſen, oder Küſter . . 215
Mandel-Milch 216
Bouding von Milch und Stärke . 217
Weißer Sillabub 218
Rother — 219

Milch

	Seite
Milch ‒ Gelee	219
Blanc‒manger von Milch	220
Compot von Aepfeln oder Birnen; weiß, auch roth	221
Wein ‒ Gelee zu machen	221
Kartoffeln ‒ Bouding	223
Wurzeln ‒ Bouding	223
Sauce, so am besten bazu schmeckt	224
Oeufs masqués	224
Eyer ‒ Brod	224
Orange ‒ Bouding	225
Quäker ‒ Bouding	226
Macronen ‒ Bouding	227
Rockenbrods ‒ Bouding	229
Sago ‒ Bouding	230
Gebackener Kartoffeln ‒ Bouding in einer grossen Form	230
Reis ‒ Kuchen, gebacken	231
Gebackenen Bouding	231
Englischer Bouding	232
Citronen ‒ Bouding	233
Ein Mehl ‒ Bouding	233
Ein sehr guter Citronen ‒ Bouding	234
Zwiebacks ‒ Bouding	235
Kirsch ‒ Bouding	236
Plum‒cakée	236
Grieß ‒ Bouding	237
Bremer Mandel ‒ Bouding	238
Chocolade ‒ Bouding	239

	Seite
Bouding von saurem Flott	240
Eyer-Klümpe zu backen	240
Mandelmilch zum Trinken	241

Register zur zehnten Abtheilung.

Von Confitüren, Säften und eingekochten Früchten.

Apricosen zu trocknen	243
Aepfel zu trocknen	244
Birnen zu trocknen	245
Zwetschen zu trocknen	245
Pfirschen zu trocknen	246
Mandelteig zu Marcipan mit Guß	246
Macaronen zu machen	247
Zuckerplätchen	248
Mandel-Biscuit	248
Zucker-Brod	248
Zucker-Pfeffernüsse	249
Kleine Mandelkränze	250
Ein aufgelaufenes Zuckerwerk	250
Johannisbeeren zu überzuckern	251
Kirschen zu überzuckern	251
Berberitzen-Saft zu machen	252
Himbeeren-Essig	252
Kirschen-Extract zu machen	253
Gekochten Johannisbeeren-Saft	253
Rohen Johannisbeeren-Saft	254

	Sei
Lavendel = Essig	255
Kirschen = Essig	255
Birnen in Essig einzukochen	255
Senfbirnen einzumachen	255
Hägebutten mit Essig und Zucker	256
Kirschen in Essig	257
Zwetschen mit Essig einzumachen	257
Zwetschen mit Senf einzumachen	258
Marmelade von Stickbeeren	258
Rothe Glas = Kirschen in Zucker einzukochen	259
Quitten einzukochen	259
Grüne wällsche Nüsse einzumachen	261
Marmelade von Borsdorfer Aepfeln	261
Apricosen in Zucker	262
Marmelade von Wallnüssen	264
Unreife Melonen einzumachen	264

Register zur eilften Abtheilung.

Von Anordnung der Tafeln.

7 Tisch = Aufsätze zu Mittage, und 6. dergleichen zu Abend	266

Register zur zwölften Abtheilung.

Vom Einschlachten, Einpökeln und Räuchern des Fleisches.

Vom Einschlachten des Rindviehes	269
Vom Einschlachten der Schweine	270

	Seite
Einschlachten der Hammel	276
Geräucherte Gänse	276
Spick-Gänse	277
In Sauer eingekochte Gänse	279
Gänse zu nudeln	280

Register zur dreizehnten Abtheilung.
Vom Bier- und Essigbrauen.

Luftmalz zu machen	282
Bier zu brauen	284
Essig zu machen	284

Register zur vierzehnten Abtheilung.
Vom Seifekochen, Lichtgießen, und Kartoffeln-Steibe (Stärke) zu bereiten.

Seife zu kochen	285
Vom Lichtgießen und Lichtziehen	287
Kartoffelnsteibe zu machen	289

Register zur funfzehnten Abtheilung.
Junges Federvieh aufzuziehen.

Junge Küken aufzuziehen	290
Junge Enten aufzuziehen	291
Junge Puters aufzuziehen	291

Re-

Register zur sechszehnten Abtheilung.

Von Verfertigung der Butter, wie auch der Schaaf- und Kuhkäse.

           Seite

Schaafkäse zu machen 293
Kuhkäse zu machen 294
